보고 듣고
말하는
흐락흐락
한국사

보고 듣고 말하는 호락호락 한국사
❺ 조선 시대 1

1판 2쇄 발행   2020년 6월 1일

글쓴이	문원림
기획	호락호락 역사 기획단
그림	김규준
캐릭터	윤소
감수	이익주
펴낸이	이경민

편집	최정미, 박재언
디자인	디자인 뭉클
녹음	헤마 스튜디오

펴낸곳	(주)동아엠앤비
출판등록	2014년 3월 28일(제25100-2014-000025호)
주소	(03737) 서울특별시 서대문구 충정로 35-17 인촌빌딩 1층
전화	(편집) 02-392-6903 (마케팅) 02-392-6900
팩스	02-392-6902
전자우편	damnb0401@naver.com
SNS	🅕 🅞 🅑log

ISBN 979-11-88704-40-8 74900
ISBN 979-11-87336-43-3(세트)

도서출판 뭉치는 ㈜동아엠앤비의 어린이 출판 브랜드로, 아이들의 지식을 단단하게 만들어주고,
아이들의 창의력과 사고력을 키워주어 우리 자녀들이 융합형 창의 사고뭉치로 성장할 수 있도록
좋은 책을 만들겠습니다.

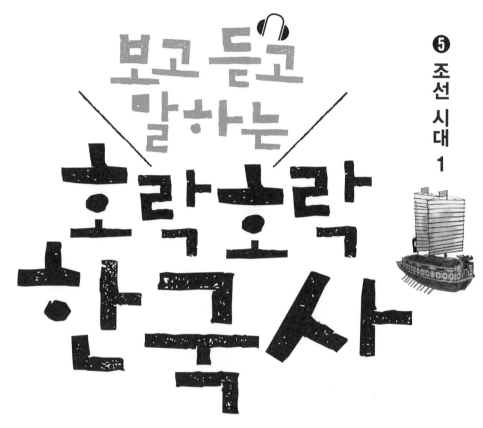

보고 듣고 말하는 오락오락 한국사

⑤ 조선 시대 1

문원림 글 | 김규준 그림 | 이익주 감수

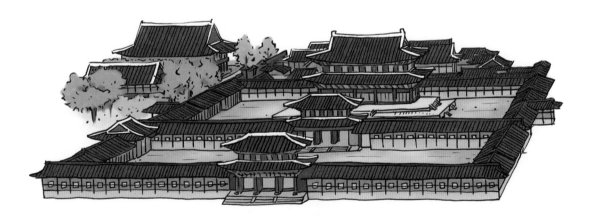

역사 이야기꾼과 함께
재미난 이야기 속으로 들어가 보자!

『호락호락 한국사』를 읽는 친구들, 벌써 다섯 번째 만남이네? 반가워! 내가 역사 이야기꾼인 건 다들 알지?!

이번 이야기의 주인공은 조선이야. 조선은 역사적으로 우리와 가장 가까운 나라지. 유물과 유적도 많아서 자주 봤기 때문에 아는 것도 많고 익숙할 거야. 나도 할 이야기가 아주 많아서 5권과 6권 두 권에 담았어. 5권에선 조선의 건국부터 임진왜란까지만 이야기하려고 해.

사람들은 고려와 조선은 참 많이 다르다고들 하더라. 하지만 나는 두 나라의 시작은 참 비슷했다는 생각이 들어. 왜냐하면 고려의 태조 왕건과 조선의 태조 이성계가 많이 닮았거든. 왕건은 아무리 신하들의 추대였다고 해도 어쨌든 모시던 궁예 왕을 쫓아내고 나라를 차지한 거잖아? 조선을 세운 이성계도 섬겼던 왕을 내치는 역성혁명(왕 씨에서 이

씨로 바뀌는 혁명)을 일으켜 즉위했지. 그리고 왕건이 세상을 떠난 다음 서로 권력을 차지하기 위한 왕자의 난이 일어났는데 똑같은 일이 조선에서도 벌어졌어. 이성계는 살아서 아들들이 다투다 죽는 모습까지 봐야 했지. 광종이 공포 정치를 펼치며 왕권을 강화했듯이 태종 이방원도 그에 못지않은 무서운 정치로 나라를 안정시켰단다. 나라를 세우고 안정시키는 일은 그만큼 어려웠던 거야.

하지만 조선이 내세운 정책은 고려와는 확실히 달랐어. 불교를 중히 여겼던 고려와 다르게 조선은 유학인 성리학을 제일로 생각했으니까. 그리고 고려는 북진 정책을 내세우며 실리 외교를 펼쳤는데 조선은 큰 나라를 섬긴다는 사대주의를 택했지. 고려는 해상 왕국으로 장사를 부끄럽게 여기지 않았지만 조선은 농업을 가장 중요하게 생각하며 상인을 낮은 신분으로 보았어. 그래서 고려를 뒤이은 나라였는데도 아주 다른 나라처럼 느껴지지.

얘들아, 내 말이 진짜인지 꼼꼼히 살펴가며 읽고 들어 보렴. 고려와 조선을 견주어 보는 것도 꽤 재미있을 거야.

펄럭이는 바람을 보면서
역사 이야기꾼이

1392년
조선 건국

1394년
한양 천도

1395년
궁궐, 종묘와 사직 완성

1396년
한양 도성 98일 만에 완성

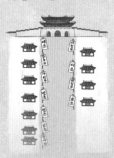

1398년
왕자의 난

1400년
태종 즉위

1장

새 나라
조선이
세워졌어

나는 돌이라고 해. 얼마 전까지 고려의 아이였는데
1392년부터는 조선의 아이가 되었어. 왕건 임금님이 세웠던
고려를 이성계 장군이 무너뜨리고 새 나라 조선을 세웠거든.
그리고 도읍지를 한양으로 옮기더니 궁궐도 새로 지었어.
한양에 살던 나는 친구들과 새 나라가 세워지는 모습을 신바람 나게
구경하고 다녔단다. 너희들도 우리를 따라와 봐. 아주 재미있을 거야.

돌이가 들려주는 조선 건국 이야기

『호락호락 한국사』를 읽는 친구들, 안녕! 나는 새 나라 조선의 수도인 한양에 사는 돌이라고 해. 한양은 고려 때도 '남경'이라 불리며 중요하게 생각한 곳이래. 고려 숙종 임금님은 남경으로 수도를 옮기려고까지 하셨다는데 왜 그랬을까, 궁금하지? 이럴 때 우리 한양, 자랑 좀 해야지~.

내가 태어난 한양은 한반도의 중심에 턱하니 자리 잡은 데다 주

변에는 수량이 넉넉한 한강이 흘러 다른 지역 사람들이 모여들기 좋은 곳이야. 뱃길로 나라의 세금과 장사할 물건까지 들어오는 곳이니까 육로와 수로가 두루 발달한 으뜸 지역이지. 게다가 네 개의 산으로 둘러싸여 외적을 막아내기도 좋고 도시 한가운데는 청계천이 흘러 물을 구하기도 좋은 곳이란다. 개경도 명당이었지만 한양도 명당이란 말씀이야. 삼국이 목숨을 걸고 차지하려던 곳이 어디였는지 떠올려 보라고! 바로 내가 사는 한강 지역이었잖아!

나는 새 나라, 조선이 한양에서 어떻게 나라의 기틀을 만들어 가는지 이야기해 줄게. 하루가 다르게 변해가는 한양의 모습을 보고 싶다면~ 모두들, 나를 따르라!

이성계와 신진 사대부가 세운 조선

우리 아버지하고 어른들이 말씀하시는 걸 들었는데, 새 임금님인 태조 이성계는 신진 사대부들하고 힘을 합쳐 조선을 세웠대. 신진 사대부란 과거 시험을 치루고 새롭게 고려 조정에 나온 젊은 관리들이야. 이 사람들은 고려의 권문세족들하고는 사상이 달랐다나 봐. 성리학이라는 새로운 학문을 배운 학자들로 썩어 빠진 고려를 개혁하려다 아예 고려 왕조를 무너뜨리고 조선을 세운 거라던걸?

고려의 가장 큰 문제는 벼슬이 높고 세력을 많이 가진 집안들, 그러니까 권문세족들이 어마어마하게 넓은 땅을 가지고 있다는 거였대. 세금을 내야 할 백성들도 자기 땅을 가진 사람이 적었고, 새로 관직을 받은 신진 사대부들은 나라에서 받아야 할 땅조차 없어서 불만이 아주 많았다더라. 그래서 위화도 회군으로 권력을 잡은 이성계가 이 신진 사대부들과 손을 잡으면서 권문세족들이 불법으로 차지했던 땅을 빼앗고 토지 문서도 다 불태웠대.

"불법은 정의의 이름으로 용서하지 않겠다."

뭐, 이런 거 아니었을까? 생각만 해도 너무 멋지다! 그런데 더 멋진 건 권문세족에게 빼앗은 땅을 원래 주인인 백성에게 돌려주고 세금도 1/10만 받았다는 거야. 아버지가 그러시는데 500년 동안 고려 백성으로 살았던 사람들의 마음을 조선으로 돌리려 애를 쓴 거래.

땅은 이 나라 백성들의 것이야.

짝짝짝   짝짝짝   짝짝짝

성리학 사상이 담긴 새 도읍지 한양

경복궁, 종묘와 사직단

조선은 고려와는 달리 불교를 억누르고 성리학 사
상을 제일 중요하게 생각했어. 그건 성리학을 공부
한 신진 사대부들이 세운 나라니까 당연한 거겠지.
그리고 농사를 나라의 근본으로 여긴다는 말에 농부

한족
황하 유역에서 일어난 중국의 대
표적인 종족으로 그 수가 아주
많지.

들은 은근히 기대를 하고 있었어. 원나라를 무너뜨린 명나라는 섬기
고 여진족이나 일본과는 동등한 이웃으로 교류한다는 외교 정책도
세웠지. 그건 명나라는 **한족**이 세운 나라인 데다 성리학을 만든 것도
한족이었기 때문에 예를 갖춘 거라고 하더라.

태조 임금님은 왕족들을 다 내몰고 역성혁명으로 임금이 됐기 때문
에 고려의 기운이 남아 있는 개경이 껄끄러웠다나 봐. 그래서 새로운

곳에 도읍을 정하려 했는데 그곳이 바로 한양이었지. 개경에서 나라를 세운 지 2년 만에 한양으로 천도해서 궁궐을 짓기 시작했어.

우리 마을이나 아주 먼 곳의 어른들도 궁궐을 짓는 데 불려 나가 일을 하셨는데, 이 나라의 아저씨들은 다 모인 거 같았지. 수많은 사람들과 건물 짓는 소리로 왁자지껄, 시끌벅적했어. 하루가 다르게 한양의 모습은 변해 가더니 세상에나, 98일 만에 한양 도성이 다 만들어졌지 뭐야!

어른들은 갑작스런 노역에 힘들어 하셨지만 나와 내 친구들은 생전 처음 보는 성곽이 신기하기만 했어. 하루 새에 성벽이 올라가고 궁궐 기둥이 세워지는 모습에 입이 다물어지질 않았지. 우리 개구쟁이들은 틈만 나면 새로운 건물이 들어서는 곳으로 달려가 구경을 하느라 아주 신바람이 났단다.

한양을 건설하는 일은 정도전이 도맡았는데, 성리학 사상을 담아 궁궐을 짓고 종묘와 사직단을 세웠어. 한양은 북쪽에 북악산, 서쪽에 인왕산, 동쪽에 낙산, 남쪽에 목멱산으로 둘러싸여 개경만큼이나 아늑하면서도 넓은 곳이야. 그림을 봐. 정말 그렇지?

북악산 아래 지은 경복궁은 큰 복을 누리라는 뜻을 지닌 대궐로 나라의 중요한 행사가 열리는 정궁이야. 동쪽에는 왕가의 조상을 모시는 종묘를 짓고, 서쪽에는 토지와 곡식 신께 예를 올리는 사직단을 지었어. 임금님이 용상에 앉아 바라보는 방향에서 왼쪽에 종묘, 오른쪽에 사직단을 세운 건 '좌묘우사'라는 성리학 사상을 드러낸 거라더라.

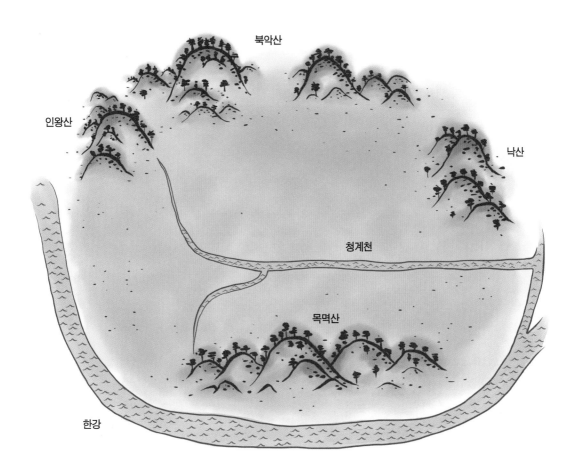

북악산

인왕산

낙산

청계천

목멱산

한강

사람들은 옛날부터 조상님들께 보이지 않는 도움을 받는다고 믿
었기 때문에 정성을 다해 조상님을 모셨어. 그러니 왕가의 조상님을
모신 종묘야 말할 것도 없이 아주 중요하게 생각했
지. 그래서 종묘에 제사를 지낼 때 임금님은 구슬이
앞뒤로 달린 면류관에 검은 비단옷을 입고 엄숙하게
제사를 지내셨대. 제사를 지낼 때 연주되는 **종묘 제**
례악은 멀리서도 어찌나 장엄하게 들리던지 까불대

종묘 제례악
왕과 왕비, 공이 많은 신하들의
신주를 모신 종묘에서 제사를 지
낼 때 정성을 다해 연주하는 음
악이야.

15

던 아이들도 조용해지던걸?

서쪽에 세워진 사직단에는 임금님이 농사가 잘 되게 해 달라고 제사를 지내고 비가 오지 않으면 비를 내려 달라는 기우제를 지내기도 했어. 홍수가 났을 땐 어쩌냐고? 그땐 하늘이 맑게 개이기를 바라는 기청제를 드렸지. 농사가 잘 돼야 백성들이 배를 곯지 않고 나라가 편안해지는 거니까! 그래서 임금님은 3일 전부터 몸가짐을 단정히 하고 정성을 다해 성대하게 치렀단다.

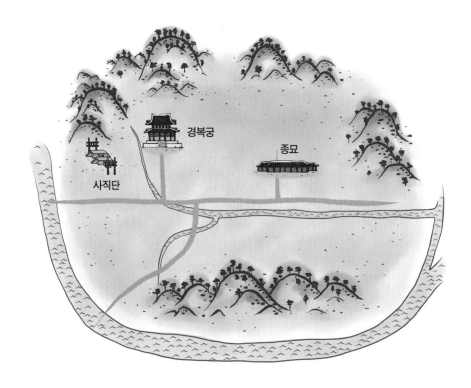

조상님께 예를 다하는 종묘와 백성을 먹여 살리는 농사의 신을 모신 사직은 조선의 상징과도 같은 곳이었어. 그래서 신하들은 나라에

어려운 일이 닥칠 때마다

"전하, 종묘와 사직을 어찌 하오리까."

하면서 울부짖는다더라. 이건 나라의 기강이 흔들리고 백성들의 먹고사는 문제가 어려우니 어떻게 하면 좋겠냐는 뜻이래.

한양 도성과 여덟 개의 문

한양은 북쪽에 북악산, 서쪽에 인왕산, 동쪽에 낙산, 남쪽에 목멱산으로 둘러싸여 있다고 했잖아? 이 네 개의 산을 죽~ 연결해서 둘레가 18킬로미터가 넘는 도성을 쌓고 드나드는 문도 대문 네 개와 소문 네 개를 만들었어. 사통팔달! 어느 곳에서나 어디로든 잘 연결될 수 있게 문을 여덟 개나 만든 거지.

그리고 4개의 대문에 흥인지문, 돈의문, 숭례문, 숙정문이라는 이름을 붙였는데 성리학의 기본 사상이 들어간 이름이야. 성리학에서는 사람이라면 마땅히 지켜야 할 도리가 인, 의, 예, 지, 신이었기 때문에 문마다 이 글자를 넣었지. 한자를 좀 공부한 내가 풀어 줄 테니까 잘 들어 봐.

첫째, 사람은 어질어야 한다는 仁

둘째, 사람은 의로워야 한다는 義

셋째, 사람은 예의를 갖춰야 한다는 禮

넷째, 사람은 지혜로워야 한다는 智

다섯째, 사람 사이엔 믿음이 있어야 한다는 信

옹성
성문 밖을 성벽으로 한 번 더 둘러 쌓은 단단한 성곽이야.

이 다섯 가지 도리 중에서 동쪽 대문의 이름에는 어질다는 뜻의 '인'이라는 글자를 넣어 '흥인지문'이라고 했어. 늘 어진 마음을 가지라는 뜻이지. 그런데 동쪽은 산세가 낮아서 외적을 방어하기에 약하다고 생각했대. 그것을 보완하려고 산맥을 뜻하는 '지' 자를 하나 더 넣고 성문도 **옹성**으로 단단하게 지었어.

서쪽 대문은 '의' 자를 넣은 '돈의문'으로 지었는데 정의로운 세상이길 바란 거야. 정문인 남쪽 대문은 '예' 자를 넣어 '숭례문'이라 했는데 '예의'를 지키라는 뜻이지. 정말 동방예의지국답잖아?

하지만 북쪽 대문은 '숙정문'이라 불러서 왜 지혜를 뜻하는 '지' 자가 안 들어간 건지 참 이상하더라고. 그래서 우리 훈장님께 여쭈어 보았더니~ 지혜와 뜻이 비슷한 '꾀 정(靖)' 자를 넣어 숙정문으로 지은 거라고 하셨어. 으응~ 꾀보다는 지혜가 더 큰 뜻이 담긴 거 아닐까 하는 생각에 고개가 갸우뚱해지더라…….

그런데 믿음을 뜻하는 '신' 자가 보이지 않는다고? 야하, 너희들도 만만치 않게 똘똘하구나!

운종가의 전각에는 큰 종이 하나 달렸는데 우리는 종루라고 불렀지. 그런데 아~주 나중에 이름을 보신각이라 했다더라. 종소리가 울려 퍼지듯 믿음이 두루두루 널리 퍼져 나가라는 뜻 아니겠니? 이 종은 말이야, 한양 도성 사람들의 시계나 마찬가지였어. 새벽 네 시에 종이 스물여덟 번 울리면 도성의 모든 문이 활짝 열려 하루가 시작된

걸 알렸거든. 밤 열 시가 되면 종이 서른세 번 울리면서 문이 굳게 닫혔는데, 이제 그만 편히들 자라는 신호였지.

몇 달 만에 도성이 세워지고 여덟 개의 문이 만들어져 한양은 눈 깜짝할 새에 새 도읍지의 모습을 갖췄어. 20만이 넘는 어른들이 모여 산과 산을 잇는 도성을 98일 만에 지어 어찌나 놀랐던지! 도성의 구역을 나눈 다음, 구역마다 이름을 걸고 짓게 했기 때문에 빠르고 튼튼하게 지었다더라.

우리 개구쟁이들은 누가 도성을 가장 먼저 도는지, 누가 문의 이름을 가장 빨리 대는지 서로 겨루면서 즐거워했어. 하지만 어른들은 고된 노역에 팔, 다리, 어깨가 아프다, 허리가 쑤신다며 머리를 절레절레 흔들기도 하셨단다.

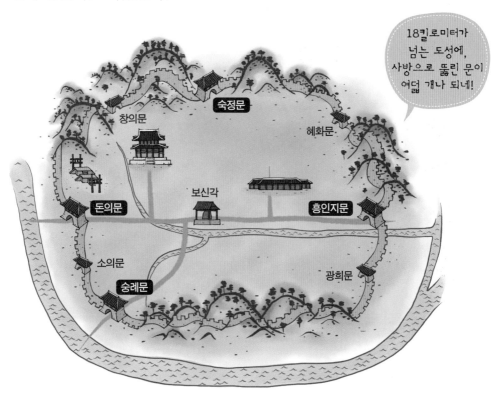

18킬로미터가 넘는 도성에, 사방으로 뚫린 문이 여덟 개나 되네!

숙정문
창의문
혜화문
돈의문
보신각
흥인지문
소의문
숭례문
광희문

육조 거리와 운종가

경복궁의 정문은 광화문인데 이 문 앞으로는 육조 거리가 있었어. 나라의 중요한 일을 하는 의정부와 이조, 호조, 예조, 병조, 형조, 공조를 일컫는 육조라는 여섯 개의 관청들이 있었지. 아무리 철부지라도 이곳에서는 함부로 까불지 않았어. 왜인지는 너희들도 알 거다.

이 육조 거리 끝에서 흥인지문까지 청계천이 흐르는 주변에 사람들이 구름처럼 모여든다는 운종가가 있었어. 운종가에 사람이 몰렸던 건 시장이 있었기 때문이야. 모르긴 몰라도 조선의 온갖 물건들은 아마 이 거리에 다 있었을걸? 비단, 명주, 무명, 모시 같은 화려하고 다양한 옷감에 종이와 어물을 파는 큰 가게들이 늘어섰지만 우리 같은 꼬맹이들이 마음대로 눈요기를 하고 다닐 순 없었어.

이 길로 가면 운종가야.

왜냐하면 가게들이 늘어선 넓은 거리에는 높은 관리들이 말을 타고 다녔기 때문에 백성들은 뒤로 난 작은 골목으로 다녀야 했거든. 이 골목은 말을 피해서 다닌다고 피맛길이라고 했지.

이 피맛길에서 국밥을 말아

파는 분이 우리 아버지야. 피맛길에는 장사를 하는 사람들도 많고 음
식점도 많아서 언제나 붐볐지만 우리들은 구수한 음식 냄새에 코를
킁킁거리며 요리조리 잘도 쏘다녔지. 어쩌다 돼지비계로 자글자글
지져 낸 빈대떡이라도 얻어먹는 날은 그야말로 잔칫날이었어.

문루

광화문이나 숭례문처럼 아래는 사람들이 출입할 수 있는 문을 만들고 그 문 위에 사방을 살피기 위해 지은 높은 다락집을 문루라 하지.

5대 궁궐

경복궁은 조선에서 가장 먼저 세워진 궁궐이야. 밖에서만 봐도 어마어마하게 크고 멋있었지. 6천 5백 칸이나 되는 궁궐엔 지엄하신 임금님과 그 가족이 살았어. 그리고 신하들과 나랏일을 의논하고 함께 잔치를 즐기는 곳이기도 했지.

정문인 광화문은 단단한 화강암을 높게 쌓아 문을 세 개나 만들고 **문루**를 이층으로 올려서, 처다보려면 고개를 뒤로 젖혀야 했어. 광화문은 육조 거리와 이어져 낮에는 높은 관리들이 도포 자락을 휘날리

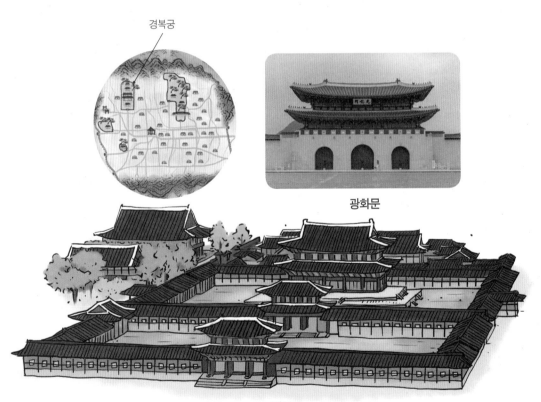

경복궁

광화문

경복궁

며 양옆 문으로 드나들었어. 가운데 넓은 문은 임금님만 다니실 수 있기 때문이래.

근정전은 임금님과 신하들이 모여서 나라의 중요한 행사를 치르던 곳으로 나라의 위엄이 서린 정전이야. 그래서 궁궐의 가장 중요한 자리에 화려하고 웅장하게 세워졌지. 이층처럼 보이는 근정전 한가운데는 임금님이 용상에 앉으셨대. 그리고 너른 돌 마당에는 벼슬의 등급을 새긴 24개의 품계석이 세워졌지. 그 품계석마다 신하들이 준엄하게 서서 나라와 백성에 관한 일을 살폈다던걸? 부지런히 나랏일을 돌보라는 근정전의 이름에 걸맞게 말이야.

품계석

근정전

왕자의 난
태조 이성계가 8번째 아들 방석을 세자로 책봉하자 후에 태종이 되는 방원이 불만을 품고 일으킨 난이야.

임금님이 즉위할 때와 신하들의 새해 인사를 받을 때 그리고 혼례식과 외국의 사신을 맞이할 때도 이곳에서 행사가 벌어졌어. 우리는 그 모습을 구경할 순 없었지만 멀리까지 들리는 풍악소리로 얼마나 흥겨운지 상상할 수는 있었지.

그러나 큰 복을 누리라는 이름이 무색하게 경복궁에서 이방원이 **왕자의 난**을 일으켜 왕자들이 많이 희생되었어. 임금이 되려고 형제를 죽였던 거지.

왕이 된 태종 이방원은 이 일이 께름칙했던지 새롭게 창덕궁을 지어 옮겨 갔단다. 하지만 아드님인 세종 임금님은 경복궁에서 많은 업적을 이루셨지.

경복궁은 임진왜란이 일어났을 때 다 타버려서 고종 때 대원군이 다시 지었지만 일제가 또다시 훼손했다고 들었어. 그런데 지금은 제 모습을 찾아가고 있다고? 그것 참 다행이다!

오랜 세월이 걸려 한양 도성에는 5개의 궁궐이 지어졌어. 나는 경복궁과 창덕궁밖에 보지 못했지만 너희들은 다 볼 수 있을 테지? 하지만 처음 지어졌을 때의 웅장한 모습은 아닐 거야. 외적의 침략으로 많이 훼손됐을 테니까.

게다가 나무로 지은 궁궐은 화재에 아주 약했어. 그래서 화재에 대비해 넓적하게 생긴 큰 독인 드므에 물을 가득 채워 두었지. 하지만 드므가 있었다 해도 전쟁이나 반란 또는 화재가 일어나면 궁궐은 여지없이 심하게 훼손당했어. 그래서 여러 번 수리하거나 새로 지

어야만 했지. 그때마다 백성들은 끌려 나와 힘들게 일을 해야만 했
고…….

창덕궁은 두 번째로 지어진 궁인데 산과 골짜기를 그대로 살리면
서 지어 자연스러우면서도 아름다웠어. 산자락에 지어졌기 때문에
궁궐의 모습이 좀 드러났는데, 어른들은 주변의 모습과 잘 어우러졌
던 개경의 만월대와 비슷하다고들 했지.

특히 정원은 빼어나게 아름다워서 세계적인 문화유산이 됐다면
서? 조선 시대 때는 임금님을 위한 정원으로 다른 사
람들은 들어가지도 못해 **금원**이라고 했는데 너희들
은 마음껏 볼 수 있다니 정말 부럽다.

금원
대궐 안에 있는 정원으로 일반
인은 들어갈 수 없어서 금원이
라 했어.

창덕궁

창덕궁

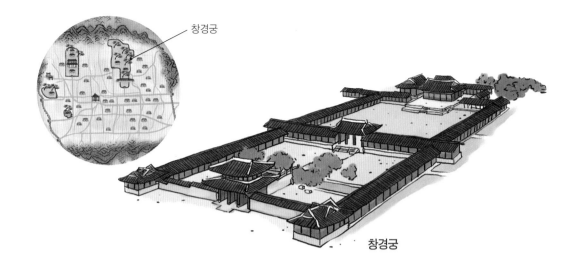

창경궁

창경궁

창경궁은 성종 임금이 선왕의 왕후들을 모시기 위해 창덕궁 옆에 지은 궁궐이야. 그런데 일제가 그곳에 식물원과 동물원을 만들어 놀이 시설이 됐었다면서? 감히 남의 나라 궁궐에 짐승을 풀어 놓고, 저들의 나라꽃인 벚꽃을 심어 구경거리로 삼다니, 정말 성리학의 근본인 예의도 모르는 자들이구나…….

경희궁은 광해군이 세운 궁이야. 이곳은 원래 왕족인 정원군의 집이 있던 곳인데 임금이 될 기운이 서렸다는 소리를 들은 광해군이 빼

경희궁

경희궁

앗아서 궁궐을 지었다대? 그런데 정원군의 아들이 반정을 일으켜 광해군을 내쫓고 인조가 되어 진짜 경희궁의 주인이 되었다니 그 말이 맞긴 맞았네. 1500칸이나 되는 궁궐이라 여러 임금님이 머무르셨다고 들었는데 지금은 거의 훼손되어 궁지(궁이 있던 자리)라고만 한다고? 에구, 창경궁보다 더한 수모를 겪었나 보다…….

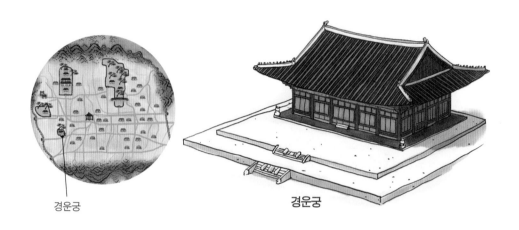

경운궁

경운궁

경운궁도 왕족인 월산대군의 집이었는데 임진왜란으로 궁들이 불타자 선조 임금과 광해군이 임시로 머물면서 경운궁이 되었다지? 이곳에 고종이 머물면서 서양식 건물도 들어섰다던데 그 모습은 어땠을까 정말 궁금해. 그 이야긴 다른 이야기꾼이 할 테니 그때 귀담아들어봐야겠다.

너희들에게 우리 한양의 모습을 신나게 전하려 했는데 다섯 궁궐의 모습을 다 전하다 보니 왠지 씁쓸하고 슬퍼지네~. 조선의 백성들이 애써 지은 건물이 외적의 침략이나 화재로 본래의 모습을 잃어버렸다니 말이야.

강건한
힘이 있고 튼튼할 뿐 아니라 의지가 강해 밀고 나가는 힘이 세다는 거야.

그렇지만 얘들아! 한양은 성리학의 **강건한** 생각을 품은 반듯한 도읍지였다는 걸 알아주었으면 해. 산세를 있는 그대로 잇고 냇물이 흘러가는 대로 길을 내고 건물을 지어 자연을 품은 아름다운 곳이었지. 그리고 15세기에는 사람들이 10만이나 모여 사는 곳은 드물었다니 한양은 꽤나 큰 도시였단다. 조선 초기에 이미 10만이 넘었거든!

오른쪽 그림은 19세기 한양의 모습이야. 다 완성된 도읍지의 모습이지.

튼튼하면서도 멋지게 세워진 도성은 다섯 개의 궁궐과 집들 그리고 사람들을 품에 안았단다. 이 든든한 울타리 덕분에 우리는 청계천을 따라 들어선 크고 작은 길을 부지런히 오가며 살았지.

백성이 나라의 근본이라는 생각으로 새 나라를 연 임금과 신하들은 단아하면서도 아름다운 궁궐과 관청에서 나랏일을 보았어. 육조 거리엔 높은 갓을 쓰고 도포 자락을 휘날리는 관리들로 붐볐고.

운종가엔 구름처럼 몰려든 사람들이 물건을 흥정하고 피맛길의 국밥을 먹으며 세상 돌아가는 이야기도 했지. 청계천에 빨래 나온 아낙들은 호호깔깔 이야기에 시름을 덜고 우리 꼬맹이들은 멱을 감기도 했어. 그리고 **수표교**를 콩콩 뛰어다니며 빈대떡 냄새에 코를 쿵쿵거리기도 했단다.

수표교
청계천을 건너다닐 수 있게 만든 다리야.

수선전도

조선의 기틀 세우기

천자문
처음 한자를 배우는 사람들의 기본 교재야. 서로 뜻이 비슷하거나 반대되는 한자가 4개씩 짝을 이루어 시처럼 되어 있어. 하늘 천 땅 지, 검을 현 누를 황 이렇게.

소학
천자문을 뗀 다음 배우는 책으로 예의범절이나 생활 속 격언, 충신이나 효자 이야기가 쓰여 있어.

한양의 모습을 전하는 걸 들어 보니 내가 아주 똑똑한 거 같다고? 그렇지, 내가 좀 똑똑하긴 하지! 그건 내가 서당에서 천자문도 익히고 소학도 배워서 내 또래 아이들보다 글자를 많이 알기 때문이야. 우리 아버지가 하시는 국밥 장사가 쏠쏠해서 집안이 넉넉한 편이라 서당과 학당을 좀 다녔거든. 그리고 아버지 친구 분이 운종가에서 장사를 하셔서 이런저런 소식을 전하셨어. 어른들은 새 나라가 어떤 일을 하는지 관심이 많으셔서 모이기만 하면 이야기꽃을 피우셨지. 나는 귀동냥을 열심히 했다가 소식을 물어 나른 것뿐이야.

이번엔 조선의 제도가 어떻게 만들어졌는지 이야기해 볼게. 조금 어렵고 복잡하더라도 잘 들어 줘. 우리 아버지가 끈기가 있어야 큰 뜻을 이루는 거라고 하셨거든?

자, 어려운 이야기로 들어~간다~.

태종 이방원과 정도전

먼저 성리학이 무엇인지 우리 훈장님께 들은 대로 이야기해 볼게. 중국 송나라의 주희라는 학자가 공자님의 가르침인 유교에 여러 사상을 받아들여 더 발전시킨 학문이 성리학이래. 이 학문을 공부한 사대부들은 예의를 갖추는 것을 아주 중요하게 생각했지.

예의란 임금님에게는 충성을 다하는 거고 부모에게는 효도를 다하는 거라고 하셨어. 그래서 성리학의 나라인 조선은 충과 효를 아~주 중요하게 여겼지. 집안에서는 어른을 공경하는 효도가 이뤄지고 나라에서는 임금님을 충성으로 섬기면 사회의 질서가 저절로 잡히지 않겠니?

임금님은 자애로운 어버이처럼 백성을 덕으로 다스리고 신하들은 임금을 도와 태평성대를 누리게 하는 것 그리고 백성들은 열심히 농사지어 집안과 나라의 살림을 늘리는 것이 이상적인 사회라고 했지. 이런 생각을 가진 사대부들이 중심이 되어 나라를 이끌어야 태평성대가 온다고 주장했던 사람이 정도전이었어.

정도전은 한양을 설계하고 조선의 사상과 제도를 만드는 데 큰 공을 세웠지만 태종 이방원에게 죽임을 당하고 말았지. 정도전은 임금이 성군이면 다행이지만 못난 임금을 만나면 백성이 고통스럽고 나라가 망한다고 생각했다. 그래서 백성의 마음을 잘 아는 능력 있는 재상과 관리들이 정치를 이끌어야 한다고 주장했어.

하지만 정도전이 지나친 권력을 휘두른다고 생각한 이방원은 왕자의 난을 일으켜 정도전과 제 형제들을 죽이고 권력을 잡았지. 태조의 아들인 이방원이 누구인지 기억할 거야. 조선을 세우는 데 협조하지 않는다고 고려의 충신인 정몽주를 죽인 사람이잖니?

이방원과 정도전은 둘 다 성리학자로 덕망 있는 사람이 백성을 어버이처럼 자애롭게 보살피는 정치를 꿈꾸었지만 그 방법은 아주 달랐어. 이방원은 평화로운 시대가 열리려면 왕의 힘이 강해야 한다고 생각했고, 정도전은 뛰어난 신하들이 나라를 이끌어야 태평성대를 이룰 수 있다고 주장했으니까. 결국 조선을 세우는 데 공이 컸던 정도전을 제거한 이방원은 태종으로 즉위하고 왕권을 강화하면서 새 나라의 기틀을 만들어 갔어.

그즈음 조선에 대한 자부심이 얼마나 컸는지 한 장의 지도에 고스란히 드러나는데, 한 번 볼래?

이 지도는 현재까지 전하는 동양에서 가장 오래된 세계 지도야. 가로 164센티미터, 세로 148센티미터나 되는 커다란 지도지.

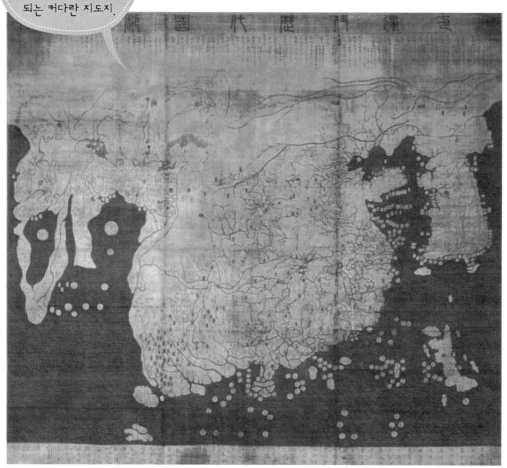

혼일강리역대국도지도

이 지도는 이름이 아주 어렵지만 쉽게 말하면 여러 나라의 수도를 표시한 지도라는 뜻이야. 이 지도에는 아시아와 유럽 그리고 아프리카까지 그려져 있는데 중국과 조선이 세상의 중심에 크게 그려져 있어. 이건 중국과 더불어 조선도 문화의 중심이라는 자신감을 보여 주는 거란다. 조선이 처음 세워질 때의 자신만만함이 느껴지지?

정치 제도

태종 임금님은 정도전이 만든 재상 중심이던 정치 제도를 왕이 중심이 되는 제도로 바꾸었는데 어떻게 바꾸었는지 볼까? 너희들이 복잡하다고 할까 봐 그림으로 보여 줄게.

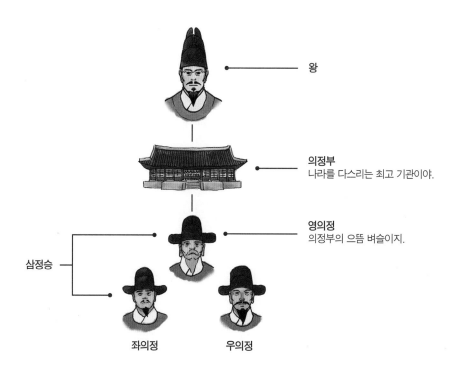

왕

의정부
나라를 다스리는 최고 기관이야.

영의정
의정부의 으뜸 벼슬이지.

삼정승

좌의정   우의정

영의정, 좌의정, 우의정 세 정승이 의정부에서 중요한 나랏일을 의논하여 의견이 모아지면 임금님에게 보고를 해. 그럼, 임금님은 잘 살펴보고 도장을 꽝 찍는 거지. '그렇게 하시오'란 뜻이겠지? 그러면 나랏일을 나누어 맡은 육조의 판서(장관)들에게 전달해서 시행하도록 하는 거야. 정도전은 이렇게 재상이 중심이 되는 체제를 만들었단다.

그런데 태종 임금님은 의정부의 권한을 확 줄여 버렸지. 육조의 판서들이 직접 임금에게 보고하도록 했고 임금이 직접 명령도 내렸어. 왕권이 강화된 거야. 그러면 세 정승은 뭐했냐고? 글쎄, 명나라에 보낼 문서를 다듬거나 무거운 죄를 어찌 다스릴까 살폈겠지…….

육조 – 나랏일을 나누어 하는 여섯 개의 부서야.

이조 – 문관 관리를 뽑고 벼슬을 내리기도, 올리기도 했어.

호조 – 인구를 조사해서 세금에 관한 일을 보았지.

예조 – 나라의 예법에 관한 일과 외교에 관한 일을 보았어.

병조 – 군사, 교통, 체신에 관한 일과 무관을 뽑는 일을 맡았지.

형조 – 법률과 노비에 관한 일을 보았어.

공조 – 산림, 광산, 토목, 건축에 관한 일이나 기술자들을 관리하고 감독했어.

승정원 – 왕의 비서 기관이야. "도승지는 들라" 이러면 왕이 비서를 부르는 거였지.

의금부 – 왕의 특명을 받아 역모 같은 중한 죄를 저지른 죄인을 다

스리는 기관이야. 누구든 피하고 싶은 곳이었지. 무거운
죄를 저지르거나 귀양을 간 선비에게 임금님이 내린 사약
을 가지고 오는 사람이 이 의금부의 금부도사야.

홍문관 – 학식과 문장으로 왕을 보필하는 곳이야. 조선에서 학식이
높다는 사람들이 모여 있는 곳이지. 홍문관의 으뜸 관리
인 대제학이면 나라에서 인정한 대단한 학식을 갖춘 사
람이란다.

사간원 – 임금이 잘못한 것을 깐깐하게 지적해서 마음대로 권력을
휘두르는 것을 막는 일을 했어. 상소를 올리거나 "아니 되
옵니다, 마마" 이러면 임금이 막 화를 내면서도 밀어붙이
지는 못했대.

사헌부 – 관리들이 일을 잘하나 못하나 살피고 나라의 풍속을 바
로잡는 일을 했어. 너희들이 엄마한테 말대꾸하고 대들
잖아? 그럼, 부모에게 불손했다고 바로 잡아가는 곳이지.
크크…….

사헌부, 사간원, 홍문관 나으리들은 임금님이나 관리들이 잘못한
다 싶으면 벌떼처럼 들고 일어났지. 상소를 올리고 대궐 문 앞에 꿇
어앉아서 일이 해결될 때까지 버티기도 했어. 임금님과 관리들이 권
력을 휘두르는 것을 막으려고 이런 제도를 만든 거래. 그래서 홍문
관, 사간원, 사헌부 관리들은 젊고 바른 말 잘하는 사람들이 주로 맡
는다고 하더라.

나는 조선의 새로운 제도 이야기를 들으면서 가슴이 막 뛰었어. 이 대로만 된다면 새로운 나라는 정말 좋은 나라가 될 거 같다는 생각이 들었거든.

전국 8도

조선이 처음 세워질 때는 원나라를 무너뜨린 명나라가 사사건건 트집을 잡아 외교도 불안하고 체제도 제대로 잡히지 않아 어수선했어. 그런데 태종 임금님의 강력한 왕권으로 나라는 점점 안정을 이루게 됐지. 전국을 8도로 나누고 수령을 보내 지방 행정까지 정비했어.

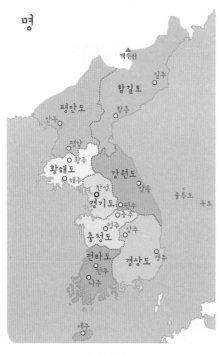

함흥 + 길주	함길도
강릉 + 원주	강원도
경주 + 상주	경상도
전주 + 나주	전라도
충주 + 청주	충청도
황주 + 해주	황해도
평양 + 안주	평안도
한성 주변	경기도

전국 8도

호패

오른쪽에 있는 것들이 뭔지 아니? 호패라는 물건이야. 16세 이상의 조선 남자라면 왕족부터 노비까지 모두 몸에 차고 다녀야 하는 물건이지. 아~ 호패를 이해하려면 신분 제도부터 이야기해야겠구나.

조선에는 처음엔 양천제 그러니까 양인과 천민 이 두 신분밖에 없었어. 왕족이나 사대부 그리고 백성까지 모두 양인이고 천민은 노비를 말하는 거야. 이랬던 신분 제도가 나중엔 더 나뉘고 차별도 점점 심해졌지.

호패 제도를 만든 건 인구를 파악하고 세금과 **부역**을 지우기 위한 거였어. 신분에 따라 호패의 내용과 재질도 달랐지. 관리는 이름과 관직, 사는 곳 정도만 적었지만 백성과 노비는 그 외에도 얼굴빛과 수염이 있는지 없는지도 적어야 했고, 노비는 주인이 누군지도 밝혀야 했어.

그리고 양반은 상아나 사슴뿔로 만든 호패를, 백성은 나무로 만든 호패를 지니고 다녔지. 호패를 지니고 다니지 않거나 남의 호패를 훔쳐 찼다간 불벼락이 떨어졌단다.

언젠가 운종가를 말 타고 가던 관리의 옷자락이 날리며 호패가 슬쩍 보였는데 붉은 술이 멋있게 달린 상아로 만든 거였어. 우리 아버진 나무로 만든 호패를 차고

부역
나라에서 백성들에게 시키는 노동을 하거나 군대에 가는 것을 말해.

호패

있었는데 말이야. 호패 하나에도 차별이 심하다는 생각이 들더라고.

서얼 금고법

태종 임금님은 왕권을 강화하기 위해 수많은 사람들을 죽였지만 나라를 안정시키는 데는 성공했어. 하지만 조선의 서자들에겐 청천 벽력 같은 법 하나가 만들어졌지. 정실부인이 아닌 첩의 자식에게서 난 서자들은 과거를 볼 수 없다는 거였어. 고려에서는 그런 차별이 없었는데 조선은 한집안에서도 신분의 차별을 둔 거야. 수많은 서자들은 평생 대접도 못 받고 실력이 있어도 뜻을 펼 수 없었지. 아마 모르긴 몰라도 서얼 금고법이 사라지는 날까지 태종 임금님을 원망했을걸?

연산군 때 홍길동이라는 사람은 아버지를 아버지라 부르지 못하고 형을 형이라 부르지 못한다고 서러워했대. 홍길동은 첩의 자식인 서자였던 거지. 홍길동이 재주와 능력이 있었는데도 과거마저 볼 수 없어 도둑의 우두머리나 했다는 이야기는 있을 법한 일이었단다.

교육 제도와 과거 제도

너희들이 학교에 다니듯이 조선의 아이들은 서당에 다녔어. 서당은 노비만 아니면 다 다닐 수 있었어. 서당에서는 천자문과 소학을 가르쳤지. 책은 모두 한자로 되어 있어서 반드시 한자를 익혀야 했어. 소학은 성리학의 기본 가르침이라 열심히 공부하지 않으면 훈장님한테 눈물이 쏙 나올 만큼 혼이 났지.

양인들도 과거를 볼 수 있었기 때문에 아주 열심히 공부했어. 처음엔 백성들 중에도 과거에 합격하는 사람들이 나왔지. 하지만 금방 과거는 양반들이 독차지하게 되었어. 왜냐고? 우리 같은 백성은 농사지어 세금내고, 군대 가랴, 나랏일에 불려나가 일하랴 눈코 뜰 새 없이 바빴거든.

하지만 양반들은 의무가 별로 없어서 공부할 시간이 많은데다가 좋은 스승을 만나고 비싼 책도 마음껏 볼 수 있었지. 그러니 과거에 급제하는 사람들은 대부분 양반의 자제들이었고 얼마 안 가 관직과 권력도 독차지하게 되었어. 백성이 과거를 봐서 관리가 된다는 건 점점 그림의 떡이 되어 갔지. 조선의 사대부들은 과거에 합격하여 관리가 되는 것을 인생 최고의 목표로 삼았어. 그래서 일생을 과거 공부에 매달려 사는 사람들도 많았단다.

자, 그럼 조선의 교육 제도를 간략하게 보여 줄게.

서당 – 사내아이가 대여섯 살이 되면 먼저 서당에 가서 천자문을

익혔어. 하늘 천 따 지, 검을 현 누를 황을 소리 내어 읽고 모래판에
글씨를 쓰면서 익혔단다. 지금 너희들이 다니는 초등학교라고 보면
될 거 같아.

4부 학당 – 4부 학당은 나라에서 운영하는 교육 기관이야. 한양에
사는 양인 이상의 아이들이면 입학할 수 있었는데 대부분 양반가의
도련님이나 넉넉한 집안의 아이들이었지. 이곳에서는 소학을 줄줄
외고 사서오경을 밤낮으로 공부해야만 했어. 매달 시험을 치고 1년
성적표가 임금님께도 보고됐으니까. 성적이 좋으면 성균관에 들어갈
수도 있었어. 음~ 지금의 중등교육기관쯤 됐을걸?

향교 – 지방에 사는 아이들은 서당을 마친 다음 향교에서 공부를
계속했어. 이렇게 열심히 공부하는 가장 큰 이유는 바로 과거 시험을
보기 위해서야. 모름지기 사내대장부로 태어나면 세상에 이름을 떨
치고 집안의 명예를 드높여야 한다고 생각했는데 그 방법은 과거에

지방에 있는
교육 기관이야.

향교

합격해서 관료가 되는 길뿐이었거든.

자, 이번엔 과거 제도에 대해 말해 줄게.

생진과 - 1차 시험인 생진과를 봐서 통과하면 생원이나 진사가 되는 거야. 김 생원, 박 진사가 이름인 줄 알았지? 1차 시험에 붙은 것도 대단한 거라 전국의 생원이나 진사들도 꽤나 위세를 부렸지. 아마 모르긴 몰라도 나라에서 주는 '홍패'라는 합격증을 집안의 보물처럼 여겼을걸?

성균관 - 생원이나 진사가 되면 한양 최고학부인 성균관에 입학할 자격이 생겨. 이곳에서도 열심히 공부해서 문과에 붙으면 비로소 관리가 되는 거야.

한양에 세워진 조선의 국립 대학이지.

성균관

문과 (대과) - 나라에서 보는 가장 큰 시험이야. 이 시험에서 33명에 들면 성적순에 따라 관직을 받게 되지. 시험 성적에 따라 벼슬의 지위가 달라졌는데 장원 급제한 사람은 관리가 되자마자 한 고을을 책임지는 막강한 직위를 받았어.

이 시험은 원칙적으로 3년에 한 번 보는데 왕실에 경사가 있을 때 갑자기 보기도 해서 한양에 사는 사람들에게 유리했지. 왜냐고? 그야, 소식을 빨리 듣고 준비할 수 있었으니까 그렇지!

무과 - 무관이 되기 위한 시험이야. 활쏘기, 말타기 등 무예 시험은 물론 유학의 경전도 시험 봐야 했어. 무과 시험이 없었던 고려와는 달랐지.

무과 시험

잡과 시험

잡과 – 중인들이 볼 수 있는 시험으로 법률, 의술, 통역, 천문, 음악, 미술 분야의 전문직 종사자들이 보는 시험이야. 무과나 잡과는 서자나 하급 관리의 자손들이 많이 봤는데 대과 합격자들과는 달리 높은 관직에는 오를 수 없었어.

조선에서는 유학의 깊이와 시를 짓는 능력을 가려내는 대과를 가장 높게 보았지. 대과에 급제한 사람들은 말을 타고 임금님이 내린 일산을 뽐내며 어사화를 꽂고 거리 행진을 했어. 풍악이 울리고 광대가 춤을 추는 화려한 행진에 마을 잔치까지 벌어진단다. 대과에 붙는다는 것은 가문의 영광이고 고을의 자랑거리였거든.

일산
햇빛을 가리는 양산이야.

어사화
과거 급제자들에게 임금님이 내리는 종이꽃이야. 무궁화를 종이로 접었는데 임금에게 충성을 다하고 백성을 잘 보살피라는 의미를 담았대.

43

장원 급제 행렬

　임금님에게 받은 일산이 바람에 나부끼고 어사화가 햇빛에 빛나
는 모습이 나는 얼마나 부럽던지 눈물이 날 뻔했지 뭐야…….

　우리 아버지는 똘똘했던 내가 과거 시험에 합격해서 어엿한 관리
가 되길 바라셨지만 4부 학당에 좀 다니다 공부를 그만둬야 했어. 아
버지가 돌아가셔서 장남인 내가 다섯 식구를 먹여 살려야 했거든. 나
는 아버지의 친구 분이 하시는 종이 가게에서 종이 나르는 일부터 배
워 나중엔 어엿한 상인이 되었어.

　하지만 조선은 우리와 같은 상인은 아주 천하게 생각했지. 성리학
이 최고인 나라에선 사농공상이라 해서 선비가 제일 존경받았고 그

다음은 농부를 중요하게 생각했어. 그리고 손재주가 좋아 물건을 만드는 공장이 세 번째이고 상인은 맨 끝이었지. 사대부들은 농사지으며 땀 흘린 만큼 거둬들여 정직하고 소박하게 사는 것을 최고라 여겼으니까.

여기까지가 내가 할 이야기야. 더 궁금한 것이 있으면 호락호락 토론방에 불러 줘. 아는 거, 모르는 거 죄다 가르쳐 줄게.

저자가 직접 강의하는 호락호락 한국사 1장
왼쪽의 QR코드를 찍어서 저자의 강의를 들어 보세요!
만약 QR코드가 안 될 경우에는 아래 링크로 들어오세요.
https://blog.naver.com/damnb0401/221250086907

토론 주제 : 나라가 발전하려면 왕의 힘이 강해야 할까,
재상의 힘이 강해야 할까?

토론자 : 그렇군 😊 과 딴지양 😊 , 돌이 😄

그렇군, 돌이가 들려주는 조선 이야기를 듣다 보니 정도전이 이 방원에게 죽임을 당한 게 너무 안타까워. 훌륭한 재상이 되어 백성들을 위한 정치를 펼칠 수 있었을 텐데, 안 그러니?

그렇긴 하지. 그런데 태종 이방원도 강력한 왕권으로 나라의 기틀을 다지고 안정시키지 않았어?

그게 다 누구 머리에서 나왔겠니? 정도전 아니겠어? 우리 아빠가 그러시는데 정도전은 '최초의 조선인'이라고 하시더라.

그게 무슨 말이야?

새 나라 조선을 세울 생각을 한 것도 정도전이고 나라의 모든 법과 제도 그리고 한양의 건설까지 도맡아 했기 때문이라던데?

어라, 그거 말 되네. 최초의 조선인!

얘들아, 안녕! 너희들이 나라가 발전하려면 왕권이 강해야 하는지, 재상의 힘이 강해야 하는지 토론하는 아이들 맞지? 나는 조선의 첫 번째 이야기꾼인 돌이야.

어서 와, 돌이야. 난 딴지양이야. 넌 어쩜 그렇게 똑똑하니? 네가 들려준 이야기로 조선의 모습을 아주 잘 알게 되었어. 고마워!

정말? 내가 역시 이야기 하나는 잘하나 봐.

난 그렇군이야. 만나서 반갑다. 그런데 네가 본 정도전은 어떤 사람이었니?

음, 백성들 편에 섰던 분이셨지. 나라와 임금도 백성을 위해 있는 거라던 유교의 가르침을 새 나라, 조선에서 보여 주려던 분이었으니까. 권문세족들의 토지 문서를 훨훨 태워 백성들의 마음을 시원하게 하더니 나라의 땅을 백성들에게 고루 나눠 주자고 하셨어. 그래서 백성들은 희망에 가득 찼었는데 그렇게까지는 하지 못했지. 다른 신진 사대부들이 반대했거든. 그 사람들은 정도전만큼 백성 편이 아니었나 봐.

백성들이 제일 원하는 게 땅을 나눠 주는 거 아니었을까? 권문세족들이 땅을 다 차지해서 백성들은 송곳 하나 꽂을 땅이 없다고 했던 거 같은데……. 그럼, 도대체 조선은 뭐가 달라진 거야? 나라 이름?

에헤, 그렇군. 좀 까칠한데? 권문세족들이 백성들의 땅을 힘으로 빼앗은 것은 돌려주고 세금도 1/10을 받았잖니, 그것만 해도 어딘데! 그리고 조선은 고려와는 확실하게 다르다고 이야기했는데 기억 안 나나 봐?

불교를 억누르고 성리학의 가르침으로 조선을 다스리겠다고 한 거?

그렇지! 또 있는데…….

농사가 최고여~. 농사가 백성을 먹여 살리는 나라의 근본이다!

옳지!

명나라는 섬기고 여진과 일본과는 동등하게 교류한다는 거? 으음~ 나라를 다스리는 사람들의 사상이 달라지니까 고려와 많이 다르긴 하네.

너희들, 나만큼 똑똑하다! 조선의 여러 정책에는 성리학을 공부한 신진 사대부들, 그중에서도 정도전의 생각이 많이 담겼다고 하지. 정도전은 훌륭한 재상이 되어 백성을 위한 정치는 이런 거다 하는 모습을 보여 줬을 텐데, 뜻을 다 펼치지 못해 아쉬워.

그럼, 돌이 너는 재상의 힘이 강해야 한다고 생각하는 거네?

글쎄? 나는 어느 쪽이 더 좋다고 딱 잘라 말할 수가 없어.

어머나, 정도전의 죽음이 안타깝다고 하더니 정말 의외다, 얘.

왜냐하면 태종이 된 이방원은 수많은 사람을 죽이긴 했지만 나라의 기틀을 다지고 안정시켰기 때문이야. 그리고 정도전은 민심을 잘 아는 재상에게 정치를 맡겨야 한다고 했지만 늘 백성의 고통을 잘 아는 분이 재상이 되는 것도 아니던걸? 나는 일곱 임금을 모셨는데 누가 임금이 되느냐, 어떤 사람이 재상이 되느냐에 따라 다르더라.

뭐라고? 일곱 명의 왕이라고? 그럼 도대체 몇 살까지 산, 아니

사신 건지…….

1388년 위화도 회군 때 태어나 세조 임금까지 일흔 다섯 해를 살았으니 오~래 산 셈이네. 하지만 나는 지금 조선의 아이로 나온 거니까 편하게 말해도 돼.

그, 그래. 편하게 말할게. 그런데 왕의 힘이 강해야 되는지, 재상의 힘이 강해야 하는지 이게 그렇게 어려운 문제니? 나는 왕이라는 이유만으로 권력을 막 휘두르는 게 싫더라. 물론 훌륭한 왕은 나라를 부강하게 하지만 그런 왕은 어쩌다 나오던걸? 대부분 왕이 잘못해서 나라가 망하잖니?

꼭 그렇게만 생각할 순 없어. 아무리 훌륭한 왕이 나오더라도 도와주는 사람들이 제 이익만 생각하는 관리들이면 나라는 더 어지럽지 않았냐? 고려의 공민왕을 좀 생각해 봐. 개혁을 하려고 애를 썼지만 권문세족들이 방해해서 뜻을 이룰 수 없었잖아?

너희들이 하는 말이 다 맞아. 어떤 때는 왕의 힘이 강해야 나라가 안정을 이루지만 어떤 때는 폭군이 되기도 하더라고. 그리고 임금의 힘이 약하고 재상과 관리들의 힘이 강하면 나라가 어지럽기도 했어.

야아~. 두 의견 중에 콕 집어서 하나만 말해 봐. 헷갈리게 하지 말고~.

글쎄, 내가 아는 왕권이 강했던 임금은 태종 임금과 세조 임금 두 분이셨는데, 태종 임금은 아까 말했던 것처럼 어수선했던 나라를 안정시키는 힘이 있었어. 세조 임금은 약해진 왕권을 다시 세워 신하들이 마음대로 정치를 하는 걸 막았고.

그렇다면 태종이 아무리 피바람을 일으켰어도 나라의 모습을 갖추게 한 건 인정해 줘야 한다는 거구나?

개인이 가지고 있던 사병을 없애서 나라를 안정시키고 전국을 8도로 나눠 관리도 파견해서 지방까지 왕의 힘을 미치게 한 건 나라의 질서를 꽉 잡은 거잖아? 그리고 호패법을 실시해서 인구를 파악하고 군사와 세금 문제도 한꺼번에 해결했고. 이런 게 바로 일거삼득 아니냐?

그렇긴 하네. 나라의 기틀을 잡아야 할 때는 강력한 힘을 가진 왕이 나와야 되는 거구나. 그럼 나라의 기틀이 잡힌 다음엔 재상의 힘이 강해져야 나라가 잘 되는 거 아냐? 그 다음 왕이 누구지?

세종 임금!

거 봐, 거 봐! 그 유명한 세종대왕이 나오셨네. 세종대왕은 왕권을 막 휘두르고 그러진 않으셨지? 그땐 아주 유명한 재상들도 있었다던데…… 아~ 누구더라?

황희와 맹사성 말이니?

맞아, 맞아!

세종 임금은 신하들과 늘 대화로 나라의 어려운 문제들을 풀어나가신 임금이지. 그때는 훌륭한 임금과 명재상이 만나서 나라를 부강하게 만들었어.

그럼 왕의 힘과 재상의 힘이 합해져야 나라가 잘 된다는 거야?

어느 정도 나라가 안정을 이루면 왕과 신하가 뜻을 잘 맞춰 백성을 위한 정치를 하는 게 제일 좋지. 세종 임금은 늘 공부하시고 신하들과 토론을 해서 가장 좋은 정치를 펼치려고 하셨거든.

그렇지만 언제나 세종 같은 임금이 나오지는 않잖아?

바로 그거야. 임금이든, 재상이든 아무리 힘이 강해도 그 힘을 함부로 쓰지 않고 백성들을 위한 정치를 펼쳐야 성군이 되고 명재상이 되는데 그게 쉽지 않은 것 같더라고.

왕과 재상 그리고 신하들이 한마음으로 백성들을 위한 정치를 펼쳐야 나라가 부강해진다는 거네.

그렇지! 누구의 힘이 강한가가 중요한 게 아니더라고. 백성을 위한 정치를 하는가가 더 중요하지. 안 그러니? 힘을 가진 사람이 그 힘을 자기들을 위해서 쓰면 백성은 고통스러워지고 나라는 망하는 거야. 임금이 강한 힘을 함부로 쓰면 폭군이 되고, 재상이 강한 힘을 자신을 위해 쓰면 부정부패가 늘고 나라 꼴이 엉망이 되고 말던걸?

그래, 돌이 말이 맞다. 왕이나 재상이나 권력을 누구를 위해 쓰느냐에 따라 백성들의 삶이 달라졌어. 역시 똑똑한 돌이야.

그런데 지금은 누구의 힘이 강하니?

아~ 지금 시대는 임금이니 재상이니 하는 건 없어. 대통령과 국무총리 그리고 각 부서의 장관이 있지. 굳이 말하자면 대통령은 임금, 국무총리는 재상, 각 부서 장관은 6조의 판서라고 하면 되겠네. 그런데 부서는 조선 시대보다 훨씬 많아. 인구가 아주 많아지고 사회가 복잡해졌거든.

그렇구나. 그럼, 이번엔 대통령과 국무총리가 힘을 겨루는 거야?

아니, 우리나라는 대통령 중심제야. 국무총리는 대통령을 잘 도와드려야 하지.

돌이야, 이제는 왕이냐, 재상이냐가 아니라 대통령 중심제냐, 내각제냐 이렇게 비교해야 할 거 같은데?

아, 무슨 말인지 하나도 모르겠다.

크……. 우리도 네가 조선의 제도를 설명할 땐 좀 그랬어. 네 마음 이해한다. 우리는 백성을 국민이라고 하는데 국민이 나라를 다스릴 대통령과 국회의원을 투표로 뽑아. 대통령 중심제는 대통령 권한이 더 많은 거고, 내각제는 국회의원 권한이 더 많은 거라고 보면 돼. 우리나라는 그중에서 대통령 중심제를 선택한 거야.

백성들이 임금을 뽑다니, 백성들의 힘이 아주 커진 거네? 와아~ 정말, 정말 잘 됐다! 그런데 대통령 중심제를 택한 걸 보니 그게 더 좋은 건가 보구나?

글쎄? 우리도 뭐가 더 좋다고 말하기는 힘들어. 왜냐하면 늘 능력 있는 훌륭한 대통령이 당선되진 않거든. 그래서 가끔씩 내각제로 바꾸자는 이야기를 하는 것 같아.

그래? 어쩐지 대통령 중심제는 왕권 중심 같고 내각 중심제는 재상 중심하고 비슷한 거 같은데…… 이름만 바뀐 거 아니니?

헤에~ 돌이야 너도 까칠한 데가 있구나? 조선의 왕은 잘났든,

못났든 혈통만으로 왕이 되어 죽을 때까지 하잖아? 그런데 우리는 대통령이 능력이 있는지 없는지 살펴보고 우리 손으로 뽑잖니? 그리고 정해진 기간이 끝나면 물러나야 하는 것도 다르고. 국회의원들도 과거를 보면 되는 게 아니야. 국민들은 국회의원이 되려는 사람이 어떻게 나라와 국민을 위해 일하겠다고 하는지 잘 살펴보고 뽑아 주거든. 달라도 한참 다르지.

아니야, 돌이 말대로 비슷한 거 같기도 해. 우리 아빠가 그러시는데 큰 힘을 가진 대통령을 잘못 뽑으면 나라가 막 흔들린대. 그래서 우리도 대통령의 힘이 커야 할까, 내각의 힘이 커야 할까 늘 고민하는 거라 하셨어.

듣고 보니 그렇긴 하네.

누구 힘이 셌든 국민을 위해 그 힘을 쓴다면 좋은 거 아니니?

아하, 그럼 너희들도 대통령 중심제건, 내각제건 백성을 위하는 정치를 하는 것이 더 중요하다는 거구나? 푸하하, 내가 내린 결론하고 똑같네, 뭐.

바로 그거야! 다만 이제는 백성이 아니라 국민이지.

아, 그래. 기억해 둘게. 국민! 나는 이만 가 봐야겠다. 백성 아니 국민이 임금을 뽑게 되었단 기쁜 소식을 빨리 전하고 싶어. 정말 놀랄 일이거든!

임금이 아니라 대통령!

아, 아~ 그래. 대통령!! 잘 기억해 둘게. 애들아, 안녕!

잘 가, 돌이야~.

강력한 왕이 백성을 위하는 정치를 해야 한다

나는 왕권 중심이어야 하는지, 재상 중심이어야 하는지 묻는 거부터 이상했다. 왜냐하면 조선은 왕조 국가니까 당연히 왕권 중심이라고 생각했기 때문이다. 그런데 가만히 생각해 보니까 고려도, 조선도 왕조 국가이긴 한데 언제나 왕권이 강했던 건 아니라는 생각이 들었다.

호족들의 힘을 꺾느라고 애쓴 광종, 이자겸에게 왕위를 빼앗길 뻔한 인종 그리고 권문세족들 때문에 개혁을 못한 공민왕을 보면 신하들의 힘이 더 셌던 게 아닐까 싶다. 조선에서도 왕권이 강했던 때는 태종과 세조뿐이고 연산군과 광해군은 신하들에게 내쫓겨 왕이라는 칭호도 없

다. 충효 사상을 그렇게 중시했다는 조선에서도 왕이 두 번씩이나 쫓겨
난 걸 보면 신하들의 힘이 더 강했던 게 틀림없다.

나는 신하들의 힘이 셌다고 해서 잘 된 것도 없다고 생각하기 때문
에 차라리 강력한 왕이 백성을 위하는 정치를 했더라면 역사가 달라졌
을 거라고 생각한다.

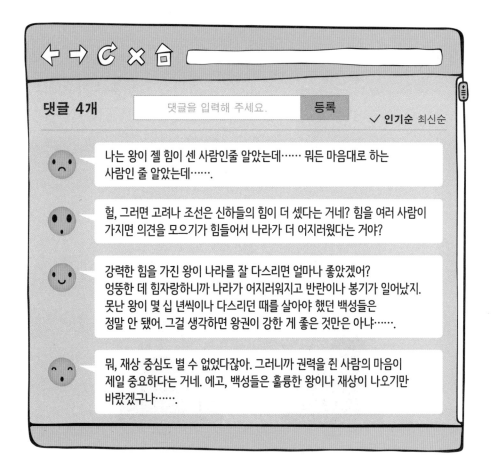

댓글 4개   댓글을 입력해 주세요.   등록   ✓ 인기순 최신순

나는 왕이 젤 힘이 센 사람인줄 알았는데…… 뭐든 마음대로 하는
사람인 줄 알았는데…….

헐, 그러면 고려나 조선은 신하들의 힘이 더 셌다는 거네? 힘을 여러 사람이
가지면 의견을 모으기가 힘들어서 나라가 더 어지러웠다는 거야?

강력한 힘을 가진 왕이 나라를 잘 다스리면 얼마나 좋았겠어?
엉뚱한 데 힘자랑하니까 나라가 어지러워지고 반란이나 봉기가 일어났지.
못난 왕이 몇 십 년씩이나 다스리던 때를 살아야 했던 백성들은
정말 안 됐어. 그걸 생각하면 왕권이 강한 게 좋은 것만은 아냐…….

뭐, 재상 중심도 별 수 없었다잖아. 그러니까 권력을 쥔 사람의 마음이
제일 중요하다는 거네. 에고, 백성들은 훌륭한 왕이나 재상이 나오기만
바랐겠구나…….

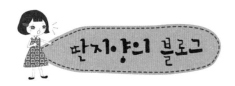

왕과 재상이 함께

  똑똑한 재상이 나라를 이끌어야 좋은지, 강력한 왕이 나라를 다스려야 좋은지 토론을 벌일 때 나는 정도전 같은 재상이 나라를 이끌어야 한다고 생각했다. 왜냐하면 수많은 왕이 있었는데도 똑똑하면서 백성을 사랑하는 왕은 정말 드물었기 때문이다.

  그런데 이야기를 나누다 보니 재상이든, 왕이든 힘을 누구를 위해 쓰느냐가 더 중요하다는 걸 알게 됐다. 정도전 같은 재상이 있다면 백성을 위한 정치를 하겠지만 탐욕스런 재상이 나오면 백성들은 고통스러워질 게 뻔하다. 부정부패가 심할 테니까.

세종대왕 같은 분의 힘이 강하면 나라는 부강하고 백성은 편안해질 거다. 하지만 못난 왕이 나오면 나라 꼴은 아주 한심해지고 백성들은 희망도 없을 거 같다. 왕은 죽을 때까지 하니까.

그래서 모든 건 나라와 백성을 위해 있는 것이라는 생각을 가진 왕과 재상이 힘을 모아 다스리는 게 제일 좋다고 생각한다.

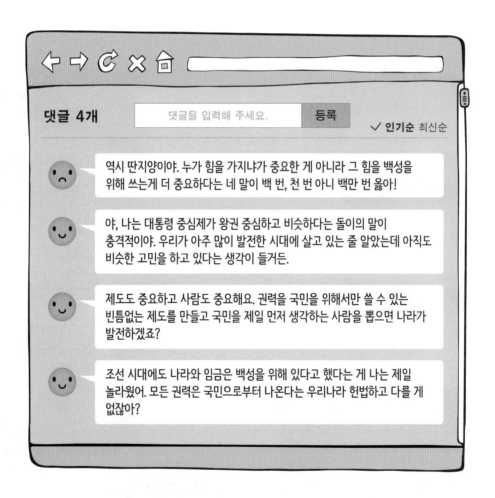

댓글 4개   댓글을 입력해 주세요.   **등록**

✓ **인기순** 최신순

역시 딴지양이야. 누가 힘을 가지냐가 중요한 게 아니라 그 힘을 백성을 위해 쓰는게 더 중요하다는 네 말이 백 번, 천 번 아니 백만 번 옳아!

야, 나는 대통령 중심제가 왕권 중심하고 비슷하다는 돌이의 말이 충격적이야. 우리가 아주 많이 발전한 시대에 살고 있는 줄 알았는데 아직도 비슷한 고민을 하고 있다는 생각이 들거든.

제도도 중요하고 사람도 중요해요. 권력을 국민을 위해서만 쓸 수 있는 빈틈없는 제도를 만들고 국민을 제일 먼저 생각하는 사람을 뽑으면 나라가 발전하겠죠?

조선 시대에도 나라와 임금은 백성을 위해 있다고 했다는 게 나는 제일 놀라웠어. 모든 권력은 국민으로부터 나온다는 우리나라 헌법하고 다를 게 없잖아?

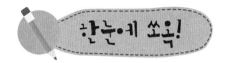

한양은 성리학 정신을 담은 계획 도시야

북악산, 낙산, 목멱산, 인왕산으로 둘러싸인 한양은 철저한 계획 아래 만들어졌어. 조선 왕조는 경복궁, 종묘, 사직단의 위치와 사대문의 이름에 유교의 정신을 담아 이상적인 나라를 만들려고 했지. 그리고 네 개의 산을 이어 성곽을 쌓고 성벽의 동서남북에 여덟 개의 문을 만들어 사방이 통할 수 있게 했단다.

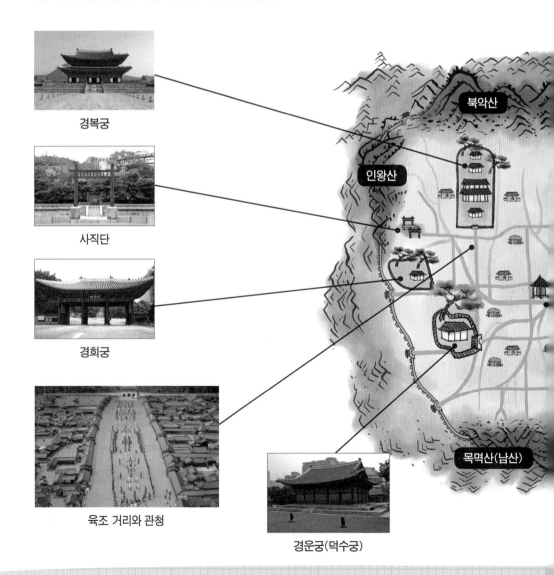

경복궁

사직단

경희궁

육조 거리와 관청

경운궁(덕수궁)

북악산

인왕산

목멱산(남산)

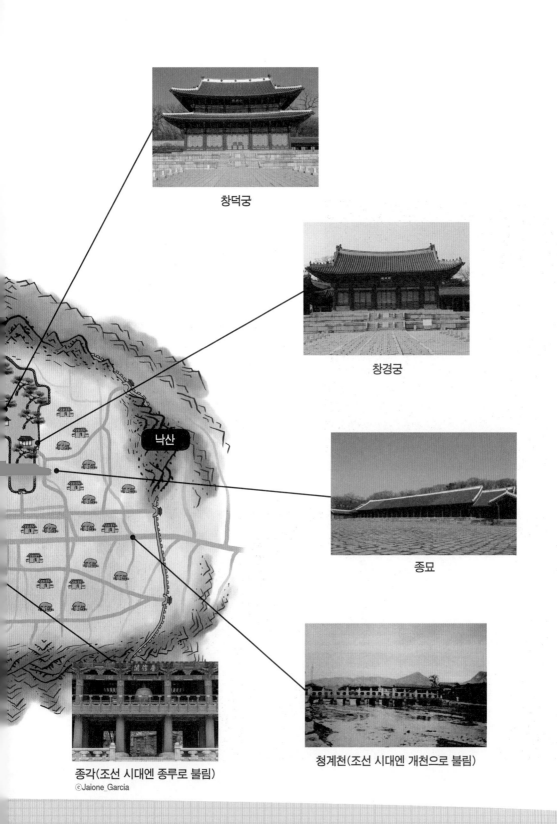

낙산

창덕궁

창경궁

종묘

종각(조선 시대엔 종루로 불림)
ⓒJaione_Garcia

청계천(조선 시대엔 개천으로 불림)

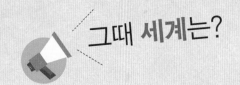

유럽에선 르네상스가 일어났어

14세기 유럽에서는 그리스와 로마의 문화를 되살리자는 문화 운동이 일어났는데 이것을 르네상스라고 한단다. 신과 교회를 중심에 두고 신에 의지해 살던 사람들이 인간과 자연을 새롭게 바라보며 인간의 목소리에 귀를 기울이기 시작한 거지.

미켈란젤로의 〈피에타〉

지중해 무역으로 부유해진 사람들과 교황은 화려한 건축물을 세우고 예술과 문학을 후원했어. 레오나르도 다빈치, 미켈란젤로, 라파엘로 같은 유명한 예술가들이 등장했지.

그리고 신이 아닌 인간과 사회의 문제를 다룬 문학 작품들도 나왔어. 지옥과 천국을 여행하는 이야기인 『데카메론』과 『풍차와 싸우는 우스꽝스런 기사』, 『돈키호테』 그리고 비극적인 사랑 이야기로 유명한 『로미오와 줄리엣』이 이때 쓰여졌단다.

라파엘로의 〈아테나 학당〉

레오나르도 다빈치의 〈모나리자〉

구텐베르크가 금속활자(1440년)를 만들자 많은 사람들이 성경책을 읽을 수 있게 되었어. 양피지로 만든 성경책은 아주 비싸서 교회나 높은 사람만 갖고 있었거든.
성경책을 읽을 수 있게 된 사람들은 교회의 잘못을 비판하며 고치려 했는데 루터와 칼빈이 앞장을 섰지.
이들의 종교개혁 사상은 과학의 발달과 함께 유럽 곳곳으로 퍼져 나가 교황 중심의 로마 가톨릭에 대항했단다. 신 중심에서 인간 중심으로 바뀌기 시작한 거지.

구텐베르크의 금속활자 발명

종교개혁가 마르틴 루터와 칼빈

1418년
세종 즉위

1420년
집현전 설치

1429년
『농사직설』

1433년
혼천의

1433년
『향약집성방』

1434년
앙부일구, 자격루, 갑인자

1438년
흠경각에 옥루 설치

1441년
측우기

1442년
『칠정산 내외편』

1443년
훈민정음 창제

1450년
세종 승하

2장

15세기 조선은 과학 강국이지

나는 세종대왕을 도와

15세기 조선을 과학 강국으로 만든 장영실이라네.

관노로 태어났지만 손재주가 뛰어나

여러 가지 과학 도구들을 많이 만들었지.

어떤 과학 도구들이 만들어졌는지 알고 싶다면

따라들 오시게나!

장영실이 들려주는 조선의 과학 이야기

『호락호락 한국사』를 읽는 친구들 안녕하신가? 나는 물건을 귀신 같이 잘 만드는 장인, 장영실이라고 하네. 웬만한 사람은 다들 내 이름을 알더군. 이제라도 나를 알아봐 주니 고맙고 또 고맙네. 그러나 나만큼 시기와 미움을 받은 사람도 흔치 않을 걸세. 수많은 과학 기구를 만들어 15세기 조선을 과학 강국으로 이끌었는데도 말이야. 그 까닭은 내가 천하디 천한 관가의 노비였기 때문이지. 아무튼 조선은 신분제 사회라 나 같은 천한 신분이 관리가 된다는 것은 하늘의 별을 따는 것만큼이나 어려운 일이었다네.

하지만 내 재주를 신분보다 높이 봐주신 분이 계셨지. 그분을 여러분은 세종대왕이라 하더군. 그분은 많은 사람들의 반대를 무릅쓰고 **종3품 대호군** 벼슬까지 내리며 내 재주를 펼치게 해 주셨다네. 나는 마치 물 만난 고기처럼 임금님이 원하시는 물건들을 만들어냈지.

임금과 신하가 한 마음으로 연구에 연구를 거듭하며 쏟아낸 그 물건들의 쓰임새는 단 하나! 다 백성들

종3품 대호군
장영실이 과학 도구를 만든 공로로 받은 관직인데 아주 높은 벼슬이지.

을 위한 것이었다네. 나는 우리 임금님과 함께 백성을 위한 물건을 만들었다는 것이 무엇보다도 자랑스럽네. 이제 그 이야기를 시작할 터이니 이야기 길로 들어서게나.

세종대왕

세종 임금님은 원칙대로 하자면 임금이 되실 수 없는 분이셨어. 형님이신 양녕대군이 임금이 되어야 하는데 자질이 좀 부족하셨지. 놀기를 좋아하셨거든. 그러니 훌륭한 임금이 되실 능력을 갖추신 세종 임금님이 조선의 네 번째 임금이 되셨지. 그때는 조선이 세워진 지 얼마 되지 않은 때라 나라의 체제를 확실하게 잡아 강건하게 만들 분으로는 세종 임금님만 한 분이 없었어. 학식과 백성을 사랑하는 마음이 정말 남다르셨거든!

함께하는 정치를 펼친 임금

세종 임금님은 아버님인 태종 임금과는 달리 왕권을 강화하기보다는 신하들과 잘 의논하여 '함께하는 정치'를 펼치려 하셨지. 그래서 즉위하자마자 '집현전'을 만들어 조선을 이끌 인재를 키우셨어. 말 그대로 현명한 이들을 모아 연구에 몰두하게 했는데 이들은 조선의 발전에 큰 공을 세웠다네. 임금과 신하가 함께 연구하며 애를 써서 태평성대를 이루는 모습은 얼마나 아름다운가!

　이뿐인 줄 아는가? 세종 임금님은 백성의 뜻을 살피어 백성과 함께하기를 주저하지 않으신 분이라네. 다음 이야기를 들으면 아마 깜짝 놀랄 걸세.

　백성들에게 세금을 늘 일정하게 거둘 건지 풍년이냐, 흉년이냐에 다라 다르게 거둘 건지 의견을 물으셨지. 이 일은 5개월에 걸쳐 17만 명이 참여하는 거창한 일이었을 뿐만 아니라 결정하기까지도 14년이라는 오랜 시간이 걸렸다네. 잘못된 제도를 만들면 백성들이 고통 당할 게 뻔했기 때문에 시험에 시험을 거듭하고 나서야 확정을 지으셨던 거지. 그 결과 풍년과 흉년에 따라 등급을 나누고 땅의 기름진 정도에 따라서도 달리 세금을 거두는 굉장히 세심하면서도 합리적인 제도를 만드셨어.

세금은 백성들에게 농사짓는 일만큼 중요한 문제라 그들의 의견을 묻는 것이 당연한 것이라 여기셨지. 아마도 백성들에게 세금을 어떻게 걷었으면 좋을지 물어본 임금님은 전 세계에서 우리 임금님이 처음이자 마지막이었을 게야.

연분 9등급
세종 때의 조세 제도로 풍년이냐, 흉년이냐에 따라 세금을 9등급을 나누어 받았어.

전분 6등급
농사가 잘 되는 땅과 그렇지 않은 땅을 6등급으로 나누어 세금을 달리 받았지.

인재를 잘 활용하는 임금

세종 임금님은 두루두루 뛰어나신 분이었지만 그중에서도 사람의 능력을 꿰뚫어 보는 능력은 놀라웠다네. 신하들이 가진 재주가 어디에 어떻게 쓰여야 큰 성과를 낼 수 있는지 알고 계신 듯했지. 덕분에 사회면 사회, 경제면 경제, 문화와 국방에 이르기까지 전 분야에 걸쳐 고루고루 나라의 발전이 이루어졌으니 인재 활용의 천재가 아니었나 싶으이.

세종 임금님의 **혜안** 덕택에 나 장영실도 조선 최고의 과학자로 이름을 날리게 되었지. 나 이외도 뜻밖의 곳에서 능력을 발휘하는 사람들이 많이 나왔다네. 그 이야기를 하자면 밤을 새워도 못 다할 거 같으니 몇 분만 추려 봄세.

내 재주를 먼저 알아보고 임금님에게 알린 **이천**이라는 분은 무예도 남다르셨지만 과학에도 능력이 뛰

혜안
세상일을 꿰뚫어 보는 지혜로움이지.

어났다네. 그것을 알아본 임금님이 여러 가지 과학 기구를 만드는 총지휘를 맡기셨지. 지휘하고 감독하는 사람이 과학 지식이 뛰어나야 일이 그냥 일사천리로 착착 진행될 거 아닌가? 나는 무슨 일이든 척척 해내던 이천 어른의 격려를 받아 일에 몰두할 수 있었지. 아마 이 어른이 내 곁에서 힘이 되어 주지 않았다면 조선의 과학 발전은 없었을지도 모르네.

양반 중에 양반인 **이순지**라는 어른은 수학 천재였는데 이 어른이 한양의 위도를 계산해 내는 놀라운 일을 해냈지. 그때까지 조선엔 하늘을 관측할 간의나 혼천의가 없어 정확한 한양의 위도를 모르고 있었는데 태양의 그림자를 재는 규표를 이용해 위도를 계산해 낸 걸세. 아주 놀랍고도 장한 일이었지.

이것을 눈여겨본 세종 임금님이 천문에 관한 일을 맡기셨는데 이것은 양반에겐 당치도 않은 일이었어. 왜냐하면 천문에 관한 일은 중

인이나 하는 일이었으니까 말일세. 그런데 어찌 설득을 하셨는지 이 순지 이 어른이 밤하늘을 살피는 고된 일에 매달리시지 뭔가? 그리고 결과는 아주 놀라웠다네. 무엇인지 궁금할 테지? 그 이야긴 조금 있다 하겠네.

박연이란 분 또한 학문도 뛰어난 데다 악기를 다루는 재주가 놀랍다고 소문이 자자하자 임금님은 종묘에 제사지낼 때 쓰는 음악을 만들라고 하셨어. 중국의 음악으로 조상을 모시는 것이 마음에 걸리셨던 게지. 하지만 낮은 신분의 사람들이나 하는 그 일을 할까 싶었는데 박연이라는 분은 정성을 다하더구나. 결국 우리 종묘 제례악을 만들어냈는데 엄숙하면서도 천상에 오른 듯한 음악이 연주되어 조선인의 자부심을 느끼게 해 줬지.

그런데 우리의 악기를 고치고 음악을 만들 때마다 임금님이 직접 들으시며 소리를 고쳐 주셨다더군. 우리 임금님은 조선 최고의 음악가인 박연 어른도 감탄한 **절대 음감**을 타고나셨던 거지.

오랫동안 임금님을 도왔던 영의정 **황희** 대감은 평소에는 이것도 옳다, 저것도 옳다 하여 우유부단하게 보였지만 나랏일만큼은 분명하고 강직하게 처리했어. 피리 불고 소 타는 노인이라 불린 **맹사성** 대감은 이런 영의정 곁에서 너그럽고 신중하게 일을 할 수 있도록 도왔지. 두 분이 함께 일하도록 한 건 강직함과 부드러움이 합쳐져 나랏일에 실수가 없길 바라신 거라네.

우리 임금님은 이렇게 사람을 쓰는 데도 빈틈이 없는 분이셨지.

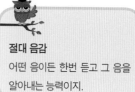

절대 음감
어떤 음이든 한번 듣고 그 음을 알아내는 능력이지.

백성을 사랑하는 임금

『농사직설』과 측우기

조선은 농사를 바탕으로 한 나라여서 농산물이 얼마나 생산되느냐가 최고의 관심거리였어. 백성과 나라의 살림을 쥐고 있는 것이 농사였으니까 말해 무엇 하겠나?

태종 임금은 신하들에게는 냉혹했지만 늘 농사 걱정을 하셨고 스물여덟 번이나 기우제를 지냈던 분이지. 오죽하면 '태종우'라는 이야기가 있을까? 조선은 농사 중에서도 벼농사가 가장 중요한데, 벼는 물을 제때 주어야 하는 까다로운 작물이라네. 특히 벼의 씨앗이 땅에 뿌리를 내리는 5월과 6월에 비가 내리지 않으면 그 해는 흉년이나 다름없었어.

태종 임금이 몸져 누운 5월에도 가뭄이 들었는데, 눈을 감는 순간까지도 가뭄을 걱정하면서

"내가 하늘에 올라가면 단비를 내리게 하겠다"

하셨지. 그러더니 돌아가신 다음 날, 정말 비가 내려 그 해 풍년이 들었다네. 그래서 태종 임금의 기일인 5월 10일쯤 내리는 비를 태종우가 내리신다고 하는 거라네. 합리적인 세종 임금님은 더 적극적으로 땅을 개간하고 수리 시설을 늘려서 100만 결이던 농토를 160만 결로 늘려 놓으셨지. 대단하지 않은가! 그리고 생산량을 높이는 비법을 적은 책도 내놓으셨는데 그게 바로 『농사직설』일세.

조선 농부들 최고의 농사 방법 모음집!

『농사직설』

『농사직설』은 우리 땅에 맞는 농사법이라 백성들에게 제대로 된 비법을 전해 주었지. 어느 땅에 무슨 씨앗을 언제 심고 어떤 비료를 어떻게 만들어 써야 하는지 자세히 적어 놓았거든. 지역에 따라 유익한 정보가 실린 것은 실제 농사를 잘 짓기로 소문난 농부들의 비법을 그대로 옮겨 놓았기 때문이라네. 이러니 생산량이 안 늘고 배기겠는가?

그러나 아무리 농사 비법이 뛰어나도 하늘에서 비가 내리지 않으면 말짱 헛일이었지. 이미 말했듯 5, 6월에 내리는 비가 풍년과 흉년을 결정하기 때문에 봄 가뭄만 들면 온 나라가 근심에 잠겼다네. 가뭄으로 논바닥이 갈라지면 백성들의 마음은 더 쩍쩍 갈라졌지. 가뭄이나 홍수가 들면 임금에게 덕이 없어서라는 이야기까지 돌았기 때문에 임금은 몸가짐을 단정히 하고 기우제도 드리고 기청제도 드렸던 거라네.

하지만 언제까지 하늘의 뜻에만 기댈 수는 없어서 하늘에서 내리는 비의 양을 알고자 했지. 이미 예전부터 땅에 스며든 비의 양을 재기는 했지만 이 방법은 정확하지 않아서 생각해낸 것이 바로 측우기였어.

측우기는 비가 언제부터 언제까지 얼마나 내렸는지 정밀하게 양을 잴 수 있는 도구라네. 측우기는 전국에 놓여 시간당 강우량부터 일 년 강우량까

2밀리미터까지 비의 양을 잴 수 있다고!

측우기

지 죄다 기록할 수 있었지.

이 기록은 가뭄과 홍수에 대비할 수 있는 귀한 자료가 되었다네. 측우기를 우리가 세계 최초로 만들었다고 자랑하지만 더 자랑스러운 건 실제로 백성들에게 도움이 됐다는 것일세. 조선은 15세기부터 이미 과학적인 방법으로 농사를 지어 왔다는 걸 보여 주기 때문이지. 당시에는 아마 이런 도구를 활용해서 농사를 짓는 나라가 조선밖에 없었을 것이네.

과학 발전을 이룬 임금

천상열차분야지도(규장각한국학연구원 제공)

천문 도구

이것이 무슨 그림인지 아는가? 하늘의 별자리를 차례로 그려 놓은 천상열차분야지도라는 것으로 태조 이성계 임금 시절에 만들었다네. 옛날부터 세상에서 일어나는 모든 일은 하늘의 뜻이라고 생각했지. 그래서 어느 임금이든 하늘의 움직임을 살펴서 그 뜻을 알아내려 했던 걸세.

더욱이 태조 임금은 힘으로 고려를 무너뜨리고 조선을 세웠기 때문에 새 나라의 건국은 하늘의 뜻이라는 걸 알리고 싶어 했는데, 마침 고구려 때의 천문도를 가진 사람이 나타났지. 태조 임금은 이 천문도를 바탕으로 더 훌륭하고 정밀한 천문도를 만들었어.

가로 1미터 23센티미터, 세로 2미터 9센티미터의 검은 대리석에 283개의 별자리와 1467개의 별들을 새겨 놓았지. 마치 밤하늘에 별들이 반짝이는 것처럼 말일세. 저 커다란 대리석 위엔 별들만 새겨진 것이 아니라 새 임금이 하늘의 뜻을 읽을 수 있는 당당한 임금이라는 자신감도 새겨진 것이라네.

세종 임금님은 한 발 더 나아가 아예 천문학자들을 명나라로 유학을 보내 그들의 앞선 천문 기술을 배워 오게 하셨지. 그런데 황송하게도 그 일행에 나를 끼워 주셨지 뭔가! 나는 조선의 기술로 하늘의 움직임을 알고자 하는 임금님의 뜻을 알기에 열심히 공부했지. 하지만 명나라는 실제로 도움이 되는 설계도는커녕 천문 도구들도 제대로 보여 주려 하지 않았어. 그래도 멀리서 본 천문 도구들을 눈과 머리로 기억하려고 나는 안간힘을 썼다네.

그 정성이 통했던지 궁궐 안에 우리의 천문대를 만들 수 있었지. 별자리의 위치와 움직임을 관측하는 간의와 혼천의를 드디어 우리 손으로 만들었던 거라네! 그 당시 경복궁 천문대는 세계에서 가장 크고 훌륭한 천문대가 아니었을까 싶으이. 15세기 조선은 세계에 자랑할 만한 과학 강국이었단 말일세.

우리 임금님이 이토록 천문대 일에 관심을 쏟으신 건 이것이 다 농사와 관련이 있기 때문이었지. 기후와 절기를 잘 알아야 어느 때 씨

경회루 서북쪽 천문대

혼천의

간의

규표

땅에 세운 막대의
그림자로 시간과
절기를 파악하는
기구야.

뿌리고 어느 때 거둬야 하는지 잘 알 것 아닌가? 나라의 부강함과 백성의 편안함이 다 농사짓기에 달렸으니 말일세.

활자 : 갑인자

백성을 잘 다스리려면 책을 많이 읽어야 한다고 생각한 임금님은 책을 만드는 일에도 열심이셨어. 그런데 태종 때 만든 활자가 인쇄하는 데 불편하자 새로운 활자를 만들라고 하셨지. 나는 임금님의 명을 받아 구리를 두드리고 또 두드려 정교하고 아름다운 활자인 **갑인자**를 20만 자나 만들었다네.

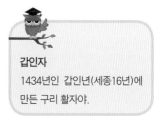

갑인자
1434년인 갑인년(세종16년)에 만든 구리 활자야.

예전엔 금속활자를 밀랍으로 고정해서 썼기 때문에 활자들이 쉽게 움직여 버려 인쇄가 어려웠지. 나는 글자 사이에 대나무 조각을 끼워 단단히 고정시켜 반듯하면서도 아름다운 글자가 인쇄되도록 했다네. 임금님과 신하들의 감탄하는 소리를 들을 땐 몇 년이나 구리판을 두드린 시간이 아깝지 않았지. 그 뒤 갑인자는 400년이나 쓰이며 수많은 책들을 찍어 내어 조선의 문화를 꽃피우는 역할을 톡톡히 했다니 어깨가 으쓱해지는구먼!

갑인자(ⓒJocelyndurrey)

시계 : 앙부일구, 자격루

옛날엔 백성들에게 시간과 절기를 알려 주는 것이 임금의 의무였다네. 우리 임금님은 더 정확한 시간과 절기를 백성들에게 알려 주고 싶어 하셨어. 그래서 나는 해를 바라보는 솥단지 모양의 시계를 만들었지. '앙부일구'라는 어려운 이름으로 불리지만 햇빛을 따라 시간을 알려 주는 것이니 해시계라고 하면 되겠네.

이 해시계로 절기도 읽을 수 있어. 한 해의 어디쯤에 살고 있는지도 알 수 있었지. 사람들이 많이 다니는 곳에 두어 공중 시계 역할까지 했는데 어른은 물론 키 작은 아이까지도 읽을 수 있도록 계단

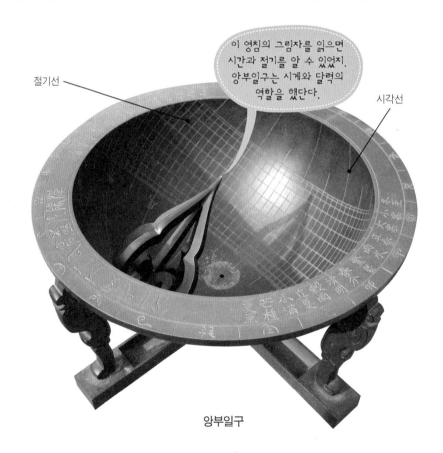

절기선

이 영침의 그림자를 읽으면 시간과 절기를 알 수 있었지. 앙부일구는 시계와 달력의 역할을 했단다.

시각선

앙부일구

도 설치했다네. 이 시계는 해를 보고 누워 있는 시계라 높이가 좀 있었거든.

그런데 말일세, 해가 뜨지 않는 밤이나 비 오는 날은 이 시계가 먹통이지 뭔가? 그러니 언제든 시간을 알 수 있는 시계가 필요했지. 수많은 책을 뒤지고 밤낮없이 연구를 거듭한 끝에 나는 물로 움직여 시간을 알려 주는 물시계인 자격루를 만들었다네.

맨 위에 있는 물그릇에서 물이 흘러내려 지렛대의 장치를 움직이면 쇠구슬이 또르르 구르게 만들었지. 이 구슬의 움직임으로 징과 북을 울리게 하고 나무 인형이 시각을 알리는 팻말을 들고 나오게 했

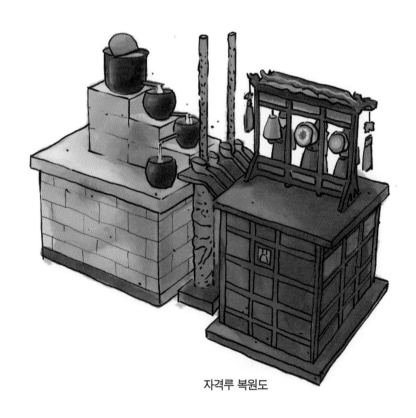

자격루 복원도

어. 이 구조는 참으로 정밀하고 정확했지. 그래서 이 시계에 맞춰 종루에서 북이나 징을 울려 백성들에게 시간을 알려 주었다네. 내가 만든 시계가 조선의 표준 시계가 된 것이지.

임금님의 총애가 없었다면 내가 어찌 이런 일을 해낼 수 있었겠나? 그래서 나는 임금님을 위하여 더 정교한 자동 물시계인 옥루를 만들었다네. 옥루는 시간을 알려 주는 것은 물론 사계절이 변하는 모습까지 보여 주고 절기에 따라 해야 할 농사일까지 알려 주는 시계였어. 최초의 알람시계라고나 할까?

옥루의 실용성과 아름다움에 반하신 임금님은 특별히 흠경각을 지어 옥루를 설치하고 때때로 들여다보며 매우 흡족해하셨지. 내가 봐도 정말 신비하고 아름다웠다네. 하지만 기록만 남았을 뿐 사라져 버렸다니 속이 많이 상하는구먼……

달력 : 『칠정산 내외편』

한양의 위도가 38도 남짓인 것을 알아낸 이순지 어른이 얼마나 놀라운 일을 해냈는지 이제 알려 줄 때가 되었군. 바로 『칠정산 내외편』이라는 달력을 만든 것이라네! 칠정은 해, 달, 수성. 금성, 화성, 목성, 토성 7개의 별을 말하는데 이 별들의 움직임을 계산할 수 있는 수학적 방법을 적은 책이지. 한양 궁궐에서 별의 움직임을 정확히 읽어 드디어 우리 조선만의 시간을 찾은 뜻깊은 일이라네. 이순지 어른과 서운관의 관리들이 찬 이슬과 바람을 맞으며 애쓴 덕분이지. 이 수고로 조선에 맞는 달력으로 농사를 짓고 시기에 딱 맞는 풍

우리에게 맞는 농사의 절기를 딱딱 맞춰 주었지!

『칠정산 내외편』

속 놀이를 즐길 수 있게 된 것일세! 내, 한 가지 더 자랑할 게 있으니 들어 보게나.

낙타를 몰고 사막의 별을 보며 장사를 하던 이슬람인들은 그 덕에 최고의 달력을 만들었는데, 명나라와 우리 조선도 그들의 달력을 빌려다 썼다네. 문제는 이슬람 지역의 위도에 맞춘 달력이라 위도가 다른 명나라나 조선에겐 잘 맞지 않아서 무척 불편했지. 이 문제를『칠정산 내외편』이 해결한 거라네, 그것도 명나라보다 35년이나 앞서서 말일세. 허어, 천문 도구를 보여 주지 않으려고 그리 까다롭게 굴더니만 오히려 우리보다도 늦다니, 쯧쯧일세그려. 허나 여러 가지로 중국에게 도움 받은 게 많으니 잠시 서운했던 건 잊으려네.

의학서 :『향약집성방』

『향약집성방』의 '향약'이란 우리 땅에서 나는 약재란 뜻이고 '집성방'이란 전국의 약 처방을 다 모았다는 것으로 간편하게 치료하는 방

『향약집성방』

법을 써 놓은 의학서일세. 중국의 약재는 수입하는 것이라 가격이 비싸 백성들에겐 그림의 떡이었지. 그래서 임금님은 우리 약재로 질병을 치료할 방법을 찾으셨던 거지. 이뿐만이 아니라 사람들을 명나라에 보내 한의학을 배우게 하셨어. 그리고 그들의 한의학과 우리의 전통적인 치료법을 연구하여 우리 백성에게 딱 맞는 의학서를 만들게 하셨다네. 그것도 10년에 걸쳐서 말일세.

강한 나라를 만드신 임금

대마도는 조선과 가까운 섬인데 늘 식량이 부족한 곳이라 툭하면 해안가 마을을 공격해서 말썽을 부렸지. 그래서 기세가 더 드세어지기 전에 아예 대마도를 정벌하자는 계획을 세웠어. 이종무 장군은 대마도를 공격하여 왜인들을 제압하고 그들의 항복을 받아냈다네. 오래된 골칫거리를 해결한 거지.

압록강과 두만강 유역의 여진족들도 때때로 조선으로 쳐들어와 물건을 빼앗고 사람을 죽이거나 잡아갔어. 곡식이나 의복을 주어 달래기도 하고 귀화하면 받아들이기도 했지만 약탈과 살인은 이어졌지. 고려 때부터 하던 일이 여전했던 걸세.

그러자 조선의 백성을 괴롭히는 자들을 그대로 둘

대마도 정벌
대마도 정벌은 군대를 부리는 권력을 쥐고 있던 태종의 결단으로 이뤄졌어.

수 없다며 우리 임금님은 무장 중의 무장인 최윤덕 장군에게 압록강 유역의 여진족을 토벌하라 명하셨네. 갑작스런 총공격에 여진족이 혼비백산하여 달아나자 이곳에 성을 쌓고 군대를 주둔시켜 조선의 땅을 크게 넓혔다네. 우리 임금님은 평생 나라를 지키고 압록강 유역을 개척한 최윤덕 장군을 나라의 기둥이라 하시며 기뻐하셨지.

두만강 유역의 여진족들은 더 사나워 큰 골칫거리였는데 저들끼리 싸우다 두만강 지역이 주인 없는 땅이 되고 말았지 뭔가? 우리에겐 절호의 기회였지. 임금님은 김종서 장군을 보내 6개의 성을 쌓아

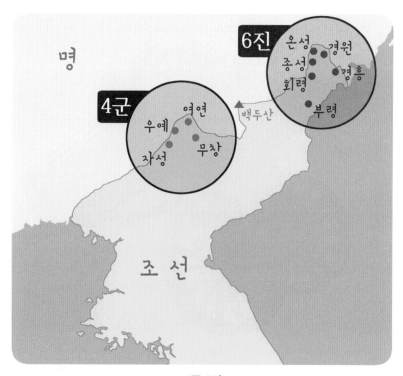

4군 6진

국경을 확실하게 다지도록 했다네. 십여 년에 걸친 압록강과 두만강 유역의 개척으로 영토는 크게 늘고 나라는 더 강해졌지. 이것을 4군 6진의 개척이라 한다더군.

국방이 이토록 튼튼해진 데는 끊임없는 무기 개발이 큰 몫을 했다네. 수많은 화포를 개발하여 적들이 감히 넘볼 수 없게 만들었거든. 특히 고려말 왜구를 격파했던 최무선의 주화는 신기전으로 발전했지. 수백 개의 불화살이 한꺼번에 쏘아 올려져 적진을 향해 달려가는 모습은 상상만으로도 든든하지 않은가! 이렇게 강한 무기와 군사력을 갖추어 왜구도, 여진족도 넘볼 수 없는 강한 나라를 만드셨지.

다연발 로켓포 신기전

지금도 함께하는 임금

세종 임금님이 지금도 함께하다니 무슨 말인가 하는 친구들도 있겠지? 하지만 이것은 사실이라네. 이 땅의 사람들이라면 그분이 만드신 한글을 날마다, 하루 종일, 일평생 쓰고 있지 않은가 말일세. 그러니 틀린 말이 아니지.

훈민정음

많은 사람들이 세종 임금님의 업적 중에서 가장 훌륭한 것이 우리의 글자, 한글을 만든 것이라고 하더군. 나 역시 그렇다네. 생각해 보게나, 우리의 글자가 없었다면 아직도 그 많은 한자를 외우느라 낑낑거리고 있을 걸세. 무려 5만 자가 넘는다는 한자를 말이네.

우리 임금님은 평생을 백성을 위한 정치를 하신 분이 아닌가? 그래서 백성들이 하고픈 말을 쉽게 전하고 새 나라의 법을 몰라 억울한 일을 당하지 않게 하려고 글자를 만드셨지. 백성을 가르치는 바른 소리라는 훈민정음은 아픈 몸도 돌보지 않고 신하들의 반대까지 물리치며 만들어진 세상에서 가장 위대한 글자일세. 자랑이 좀 지나치다고? 어허, 그렇다면 왜 한글을 가장 위대한 글자라고 하는지 내 낱낱이 밝혀 보겠네.

• 뛰어난 소리글자

우리 글자는 뜻글자인 한자와는 달리 소리글자라네. 소리글자란 소리 나는 대로 적을 수 있는 글자로 뜻글자와는 비교할 수도 없이 편리한 글자지. 영어와 일어도 소리글자인데 영어는 26자, 일본어는 무려 50자라네. 한글이 처음 만들어질 때는 28자였으나 필요한 글자만 남아 24자가 된 건 다들 알고 있을 테지? 소리글자 중에서도 글자 수가 가장 적다는 말이네. 그런데도 세상의 모든 소리를 거의 다 적을 수 있으니 정말 뛰어난 소리글자 아닌가!

• 과학적인 글자

"한글은 문창살 무늬를 흉내 낸 것이다."

이 말을 어떻게 생각하는가? 허어~ 참, 우리 한글이 문창살 무늬나 흉내 냈다고 생각하다니 도대체 우리 임금님을 어떻게 보았기에 이런 말이 생긴 것인지 알 수가 없구먼. 나중에 글자를 만든 까닭과

만든 방법까지 자세히 적은 『훈민정음해례본』이 발견
되지 않았다면 문창살 무늬라는 어이없는 오해를 받
을 뻔했네그려.

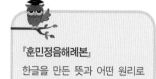
『훈민정음해례본』
한글을 만든 뜻과 어떤 원리로
만들었는지 설명해 놓은 책이야.

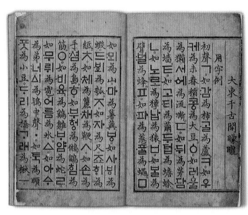

『훈민정음해례본』

세종 임금님은 오랜 세월 다른 나라의 글자와 사람의 발음 기관을
연구한 끝에 가장 과학적인 글자를 만드신 거라네. 사람은 입술, 이,
혀, 목구멍을 이용해서 소리를 내지. 이것을 발음 기관이라고 하는데,
이것을 본떠서 기본이 되는 자음 다섯 글자를 만드셨네. 보게나!

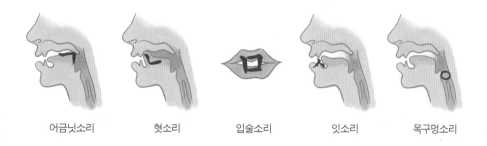

어금닛소리　　혓소리　　입술소리　　잇소리　　목구멍소리

사람의 발음 기관

어금닛소리: ㄱ(기역) – 혀뿌리가 목구멍을 막는 모양이지.

혓소리: ㄴ(니은) – 혀끝이 윗잇몸에 닿은 모양이고.

입술소리: ㅁ(미음) – 입술을 붙였다 뗄 때의 모양을 본뜬 거라네.

잇소리: ㅅ(시옷) – ㅅ 소리가 날 때 이의 모양을 본뜬 것이지.

목구멍소리: ㅇ(이응) – 목구멍의 모양하고 닮았지 않은가?

이 기본 자음에 획을 하나나 둘 또는 그 이상을 더해서 나머지 9 개의 자음을 만들어 14개의 자음을 만드셨는데 그 방법이 참 기발 하다네.

ㄱ에 획을 하나 더하면 – ㅋ

ㄴ에 획을 하나 더하면 – ㄷ, 둘을 더하면 – ㅌ, 셋을 더하면 – ㄹ

ㅁ에 획을 두 개 더하면 – ㅂ, 넷을 더하면 – ㅍ

ㅅ에 획을 하나 더하면 – ㅈ, 둘을 더하면 – ㅊ

ㅇ에 획을 두 개 더하면 – ㅎ

이 얼마나 간단하면서도 체계적이고 논리적인가 말일세!

● **창의적인 글자**

게다가 한글은 자연의 모양을 품은 창의적인 글자이기도 하다네. 아마도 이런 글자는 세상에서 단 하나밖에 없을 걸세. 자연은 하늘과

땅 그리고 인간으로 되어 있지 않은가? 이것을 그림으로 표현하면 ·(하늘), ㅡ(땅), ㅣ(사람)으로 아주 간단하게 표현할 수가 있지. 이 단순한 기호를 이용하여 10개의 모음을 만들어냈는데 아주 신기하면서도 창의적이지.

ㅏ ㅑ ㅓ ㅕ ㅗ
ㅛ ㅜ ㅠ ㅡ ㅣ

위에서 말한 14개의 자음과 10개의 모음으로 글자를 만들어내는데, 그 방법이 쉬우면서도 과학적이고 합리적인 데다 재미까지 솔솔 난다고들 하더구먼. 글자 또한 반듯반듯하고 귀엽기도 하다던걸? 그러니 한글을 반대하던 **최만리** 같은 학자도 신묘한 글자라는 건 인정했지.

• 미래를 내다본 글자

훈민정음이 컴퓨터와 핸드폰에서도 잘 쓰이고 있다 들었네. 적은 글자 수로 쓰기도 편리해서 이웃 나라들과 문자 쓰는 속도가 비교도 안 된다더군. 중국, 한국, 일본 세 나라가 워드 작업을 하면 우리가 단

연 1등이라 하던데, 그 모습을 한 번 보고 싶으이. 역시 우리 임금님은 몇 백 년을 미리 내다보고 글자를 만드신 게야, 아암!

뜻글자인 중국은 글자 수가 너~무 많아 자판에 알파벳을 빌려다 쓰는데, 같은 발음의 글자가 하도 많아서 원하는 글자를 골라 치느라 작업이 아주 느리다더군. 일본은 소리글자이긴 하지만 글자 수가 50자나 되어 역시 알파벳을 깔아 쓰는데, 한자도 같이 써야 해서 우리의 속도를 따라잡기는 어림도 없다면서?

누가 먼저 워드 작업을 끝내나 세 나라가 시합하는 모습을 상상해 보니 웃음이 절로 나오네그려. 중국의 왕서방은 화면에 떠오른 수많은 글자 중에서 맞는 한자를 고르느라 땀을 뻘뻘 흘릴 테지? 일본의 다카무라는 제 나라 문자인 가나 문자를 썼다, 한자로 바꿨다 하느라고 진땀깨나 흘리겠구먼. 중국보다 7배나 빨리 끝난 우리의 김 씨는 빙긋이 웃고 있으려나? 껄껄껄……. 아주 신이 나서 어깨춤이라도 추고 싶네그려. 어엉? 내가 600년 전 사람답지 않게 별 걸 다 안다고? 관심이 있으면 다 보이는 법일세.

유네스코
세계 평화와 인류 발전을 위해 교육, 과학, 문화에 관한 국제 협력을 이끌어가는 국제기구야.

문맹퇴치상
유네스코가 1990년, 세종대왕의 이름을 따서 세종대왕 문맹퇴치상을 만들었는데 세계적으로 문맹 퇴치에 공헌한 사람이나 단체에게 해마다 상을 준단다.

• 세계적인 글자

지금의 언어학자들도 우리의 글자를 세상에서 가장 훌륭한 문자라며 세종 임금님을 뛰어난 언어학자로 존경한다지? 글자 수도 적고 단순하여 쉽게 익힐 수 있는 최고의 문자로 인정받아 **유네스코**에서 세종대왕 **문맹퇴치상**을 만들었다 들었네. 글자란 모든 백성이 쉽게 익혀서 널리 쓰여야 한다던 우리 임금님의 뜻을 세상이 알아주니 기쁘기 그지없으이. 이제 우리 임금님은 조선을 넘어 세상이 알아주는 임금님이 되셨구먼!

　세종 임금님 때의 반짝반짝 빛이 나던 때의 이야기를 이즈음에서 접어야겠네. 그 빛나던 때에 나, 장영실의 미천한 재주가 한몫했다는 것을 기쁨으로 알고 물러가려네. 두고두고 안녕들 하시게.

토론 주제 : 왜 장영실은 곤장 80대를 맞고 사라졌을까?

토론자 : 그럴군 🙍 과 딴지양 🙍, 장영실 🎩,

허조 👒, 정초 🎩, 이천 👨

🙍 딴지양, 오늘 주제가 "왜 장영실은 곤장 80대를 맞고 사라졌을까?"라는 거 알아?

🙍 어, 그래. 그렇게 많은 과학 기구를 만든 훌륭한 과학자가 왜 곤장을 80대나 맞은 거지? 그리고 그 다음의 기록은 아예 없다고 들었어. 아, 도대체 무슨 일이 있었던 걸까? 장영실 아저씨를 직접 만나봐야겠어.

🎩 나를 찾았니?

🙍 어, 안녕하세요? 정말 곤장을 80대나 맞았나요? 왜요?

🎩 딴지양이 좀 흥분한 거 같구나. 내가 곤장 80대를 맞은 건 임금님의 가마를 튼튼하게 만들지 못했기 때문이란다.

🙍 에이, 직접 만드신 것도 아니고 감독만 하신 거라면서요? 그런데도 곤장을 80대씩이나 맞다니 이해가 안 돼요.

🙍 어머나, 직접 만든 것도 아니라고? 그럼, 너무 심한 거 아니에

요? 그때 세종대왕님은 뭐 하셨대요?

임금님은 100대를 때리라는 신하들의 요청에 80대로 줄여 주셨지.

헐~ 그토록 총애하시더니 겨우 20대를 빼라고 하신 거네요? 바로 한 해 전에도 측우기를 잘 만들었다고 벼슬을 올려 주신 분이 왜 그러셨대요? 도~저히 믿을 수가 없어요.

장영실 아저씨! 정말 다른 잘못은 저지르지 않으신 건가요? 과학 도구를 만들다 불을 냈다거나, 뭐…….

허허허! 얘들아, 신하가 임금님을 안전하게 모시지 못한 건 아주 큰 죄란다. 죽음을 면하고 곤장만 맞고 내쫓긴 건 그나마 다행인 거지.

아저씨가 처음 벼슬을 받을 때 허조라는 관리는 노비가 벼슬을 받으면 조선의 질서가 흔들린다고 반대했잖아요? 그렇다면 양반만 높은 관리가 될 수 있다는 고리타분한 신하들이 아저씨가 임금님의 총애를 받는 것이 못마땅해서 모함을 한 건 아닐까요?

어허, 고리타분하다니? 게다가 뭐, 모함? 천한 기생의 아들이 손재주가 좀 있다 하여 높은 관직을 받는다는 것은 조선에서는 있을 수 없는 일이야. 그리고 모함이 아니라 임금을 위험하게 한 건 불경죄로 엄히 다스려야 할 큰 죄였어.

손재주가 좀 있었다고요? 그 많은 과학 도구를 만들었는데 너무한 거 아녜요? 도대체 아저씨는 누구세요?

내가 바로 허조라는 사람이다.

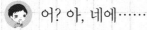 어? 아, 네에…….

에그…… 그렇군! 우리 그냥 조용히 있자…….

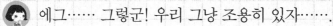 문관의 관직을 담당하는 이조 판서로서 나라의 법을 지켜야 할 임금이 나라 법에 어긋나는 일을 하시는 걸 두고 볼 수는 없었다. 그게 신하로서 할 일 아니겠느냐?

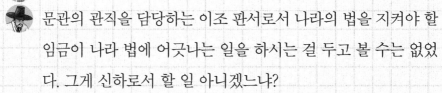 그렇지요, 대감! 그러니 세종 임금이 허조 대감을 믿고 의지하신 거 아닙니까? 허나, 대감! 장영실이 천한 신분이기는 하나 그 재주가 아주 비상하여 나라에 크게 쓰였으니 그게 더 나라에 이로운 일 아닙니까? 나라의 엄격한 법 때문에 인재를 키우지 않는 것은 어리석은 고집입니다.

책을 한 번만 봐도 외우신다는 조선의 천재 정초 대감 아니시오? 대감도 장영실과 함께 과학 도구를 만드는 일을 하시더니 그 자를 싸고도는구려.

대감, 우리야 머리로만 기구를 생각해 낸다지만 장영실은 우리의 머리에 든 생각을 도구로 만들어내는 신의 손을 가진 자입니다. 그건 오로지 장영실만이 가진 능력이니 좀 봐 주시지요.

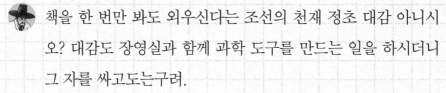 정초 대감! 농사직설을 펴내시느라 바쁘실 텐데 장영실 편까지 들어주셔서 감사합니다. 허조 대감, 장영실이 아니었다면 우리가 생각했던 천문 도구들을 만드는 데 어려움이 아주 컸을 것입니다.

이제는 무슨 일을 맡겨도 완벽하게 해 낸다는 이천 대감까지

나서십니까? 대마도 정벌과 압록강의 4군을 설치하느라 바쁘시다더니?

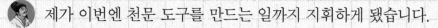 제가 이번엔 천문 도구를 만드는 일까지 지휘하게 됐습니다.

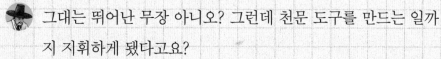 그대는 뛰어난 무장 아니오? 그런데 천문 도구를 만드는 일까지 지휘하게 됐다고요?

뭐, 제가 멀티플레이어라서요. 군사면 군사 과학이면 과학 못하는 게 없질 않습니까?

뭐라 하셨소? 머, 멀티?

예, 저를 알아보는 눈 밝은 사람들이 저를 현대어로 그렇게 부른다더군요. 능력자라는 얘기라나, 뭐라나? 허허허!

호오~ 저는 뭐라고 부릅디까?

글쎄요, 제 이야기에만 귀가 열려 있어서…… 죄송합니다.

혼천의

간의

그나저나, 대감! 제가 장영실 편을 드는 건 영실이 그 사람이 없으면 천문대 일이 돌아가질 않기 때문이에요. 학자들이 연구한 것을 그보다 훌륭하게 만들어내는 천재는 이 조선 땅에서 장영실 하나뿐입니다. 게다가 군사 작전에 필요한 물건을 만드는 일에도 장영실이 없으면 안 된답니다. 허허허!

이건, 뭐…… 장영실 그자가 없으면 조선에 큰 일이 벌어질 거 같은 분위기이구려. 천한 자의 손재주를 신의 손이네, 뭐네…… 듣기 거북하외다. 그자는 임금의 총애를 믿고 교만했다가 큰 벌을 받은 죄인이니 너무 감싸지 마시오.

대감, 장영실의 재주는 역사에 우리보다 크게 남을 것입니다.

맞아요, 맞아. 지금 나오신 분은 누군지 하나도 모르겠는데 장영실 아저씨는 모르는 사람이 없을 걸요!

이런, 아주 몹쓸 세상이 되었나 보구나. 기생의 아들에 죄를 지은 자가 우리 양반보다 이름이 높아지다니, 있을 수 없는 일이다.

지금은 신분 제도가 없어졌거든요. 이젠 신분이 아니라 자기가 가진 능력으로 인정받는 세상이니까요.

오호, 그러고 보면 사람을 신분이 아닌 능력으로 봐야 한다던 우리 임금님은 정말 앞을 내다보신 분이구나!

예, 맞아요. 세종대왕은 우리 역사에서 최고로 훌륭한 왕으로 꼽히거든요.

상감마마, 감축, 또 감축드리옵니다!

크크…… 세종대왕은 보이지도 않는데 어디다 절을 하는 거야?

이 아저씨들의 말을 들어보니 조선이 15세기 과학 강국이 된 건 장영실 아저씨 공이 제일 크네요. 그런데도 곤장 80대를 맞고 쫓겨나신 게 정말 억울하지 않으세요?

내가 관노 출신이 아니었다면 그렇게 쉽게 쫓겨났을까 하는 생각도 들긴 하지……. 하지만 천한 나를 곁에 두시고 관직을 올릴 때마다 신하들의 심한 반대를 물리치느라 고민하신 우리 임금님께 불경죄를 지어 죄송스런 마음뿐이다.

어휴~ 장영실 아저씨는 끝까지 세종대왕의 충신이네요.

충신은 무슨? 너무나 당연한 일이었지. 부산 동래현 관아의 노비인 내가 손재주 하나로 정3품 벼슬까지 오른 건 세종 임금님이 아니면 할 수 없는 일이었단다. 과학을 발전시켜야 백성들을 배불리 먹이고 나라가 안정된다고 생각하신 임금님이 아니었다면 내 재주가 무슨 소용이었을까? 한낱 궁궐의 물건이나 고치는 관노로 일생을 마쳤을 게야. 밤낮을 가리지 않고 나랏일을 하시는 임금님을 도와 그 많은 과학 기구를 만든 건 내겐 오히려 행운이었다.

그런데 한양에 있는 세종대왕님이 부산 동래현에 있는 장영실 아저씨를 어떻게 안 거예요?

어릴 때부터 나는 무슨 물건이든 한 번 보면 뚝딱뚝딱 만들어 내는 재주가 좀 있었어. 틈만 나면 관아의 창고에 있는 물건들을 고치고 닦으니 손재주 좋은 관노로 소문이 났지. 그래서 태종 임금 때부터 궁궐에 들어왔단다. 그때는 나라가 막 세워지는 때라 인재가 많이 필요했거든.

틈만 나면 쉬지도 않고 창고에 들어가 물건을 고치고 닦았다고요? 저, 혹시 왕따를 당하신 거 아녜요?

허허허. 그렇게 생각할 수도 있겠구나. 우리 아버지는 중국 사람이란다. 조선에 건너와 기술직으로 있다가 관가의 기생인 우리 어머니하고 혼인하여 나를 낳으셨지. 혼혈에다가 천한 관기의 아들이었으니⋯⋯. 난 사람들과 어울리기보다는 혼자서 무언가를 만드는 일이 더 좋았다.

오~ 그러면 아버지의 재주를 물려받으신 거네요?

그랬는지도 모르지⋯⋯. 나는 이제 그만 이 어르신들 모시고 돌아가야겠다. 얘들아, 다른 건 다 잊어도 15세기 조선이 과학 강국이었다는 것만은 잊지 말아라. 과학이 발전해야 나라가 부강해진다는 생각을 일찌감치 하신 세종 임금님의 고마움도 잊지 말고⋯⋯.

어르신들, 앞장서시지요.

그러세. 얘들아, 잘들 있거라.

네, 안녕히들 가세요.

그렇군, 장영실 아저씨의 이야길 다 듣고 나니까 왠지 아저씨가 쓸쓸하고 슬퍼 보이지 않니?

그래. 오늘 이야기는 너하고 나하고 통한 거 같다! 30년 동안이나 나라를 위해 큰일을 했는데 곧장 80대에 관직에서 쫓겨나고 그 뒷이야기도 아예 없고⋯⋯. 이게 뭐냐? 나는 허무하다는 말이 뭔지 몰랐는데 바로 이럴 때 쓰는 말인 거 같다.

그렇지, 그렇지? 아휴~ 생각할수록 너무해. 아무래도 관노라는 신분 때문에 차별을 당한 거 같아. 내가 저런 일을 당했다면 얼마나 억울하고 분했을까?

이야기할수록 속상하니까 우리도 그만 돌아가자.

그렇군의 블로그

그렇군은 장영실 아저씨에게 자신의 블로그를 빌려주었다. 세종대왕과의 안타까운 이별이 너무나 마음에 걸렸기 때문이다. 장영실은 그렇군 덕분에 1442년 3월 16일 못 다한 이별의 편지를 쓸 수 있었다.

장영실이 아뢰옵니다

신, 장영실 임금님께 아뢰옵니다.

동래현 관노가 궁궐에 불려 온 것도 가문의 영광인데 이 미천한 것의 재주를 알아봐 주시고 그 재주를 펼칠 수 있도록 해주신 은혜를 무엇으로 갚으오리까?

신을 명나라로 유학 보내 까막눈을 열어 주시고 제가 하찮은 물건을 만들어도 칭찬하시며 벼슬을 올려 주셨지요. 노비에게 벼슬을 내리면 조선의 질서가 흔들린다는 관리들에겐 사람의 능력을 보라 하시며 저를 가까이 두고 아끼셨습니다. 임금님의 백성과 나라를 사랑하는 마음이 저 같은 천한 것에게도 기회를 주신 것이라 여겨 몸을 아끼지 않고 도구들을 만들어냈습니다. 그 도구들이 모두 백성을 위한 것임을 알았기에 30년 몸 바친 세월이 하나도 아깝지 않습니다.

다만 임금님의 어가를 잘못 만들어 아름다운 마무리를 못한 것이 마음 아플 뿐이옵니다. 이제 세상이 저를 조선을 이끈 천재 과학자로 부른다니 이 모든 것이 임금님의 은혜입니다. 신, 엎드려 감사드리고 또 감사드릴 뿐이옵니다.

576년 만에

신, 장영실 올림

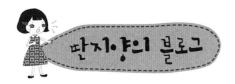
딴지양은 세종대왕에게 자신의 블로그를 빌려드렸다. 장영실을 내쫓아야 했던 세종대왕이 안타까운 마음을 전할 수 있기를 바랐기 때문이다.

나의 믿음직한 재주꾼, 장영실은 보아라

30여 년을 나라에 필요한 물건을 만드느라 애쓴 너를 끝내 내 곁에 두지 못하고 내치게 된 것이 안타깝고 또 안타깝도다. 네가 만든 천문 도구로 하늘의 뜻을 읽을 수 있었고 가여운 백성들의 생활을 도울 수 있었는데……. 너의 공로보다 나라의 법을 지키는 것이 더 중요하다 하니 어쩌겠느냐? 네 죄를 가볍게 하라 그토록 일렀건만 신하들은 물론 내 편을 들어주던 황희 정승마저 엄히 다스리라 하니 임금인 나로서도 어찌 할 수가 없었구나!

네가 없었더라면 내 어찌 그 많은 일을 할 수 있었으랴? 명나라에서 눈으로만 본 천문 도구도 만들던 천재요, 그때의 물건이 다 네 손을 거쳐 나왔으니 신의 손이 아니더냐? 정교한 물시계로 백성들에게 정확한 시간을 알려 임금의 체면을 세워 주고 나를 위한 시계도 만들어 주어 내 마음을 기쁘게 하였지. 시간과 계절을 알려 주는 옥루를 보는 재미에 시름을 잊기도 했으니 너는 누가 뭐래도 나의 믿음직한 신하였느니라.

너와 더불어 밤낮을 일하던 날이 다시 한 번 올 수 있다면 얼마나 좋을꼬…….

애통한 마음으로
장영실을 보내며 세종 씀

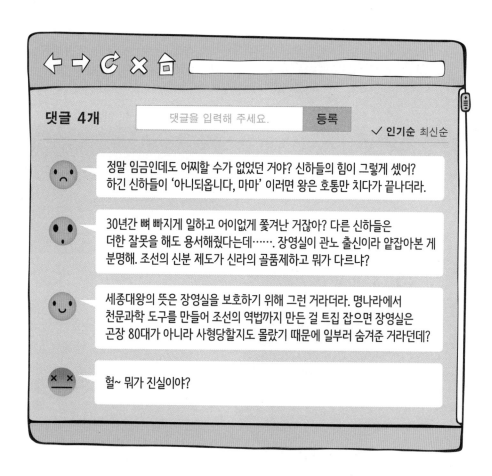

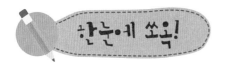

조선의 뛰어난 과학 도구와 책들이야

세종대왕은 장영실, 이천, 이순지, 정초, 정인지 같은 젊은 학자들을 격려하여 15세기
조선을 과학 강국으로 만들었단다. 그 과학 도구와 책들의 이름을 맞춰 볼래?

1. 측우기   6. 혼천의
2. 농사직설   7. 신기전
3. 칠정산   8. 갑인자
4. 자격루   9. 훈민정음
5. 앙부일구   10. 간의

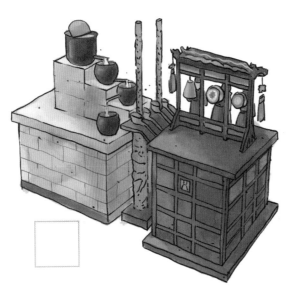

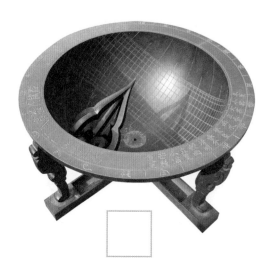

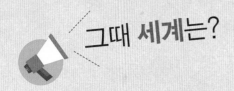

대항해 시대가 열렸어

콜럼버스와 마젤란은 대서양을 건너 유럽인들이 몰랐던 지역을 발견하고 새로운 바닷길을 개척했어. 그들은 바닷길을 먼저 열어 풍요를 누리는 아시아의 황금과 향료를 얻기 위해 대모험을 떠났던 거야. 이 모험은 성공을 거두어 새로운 바닷길이 열리기 시작했어.

정화의 1~7차 남해원정 항로

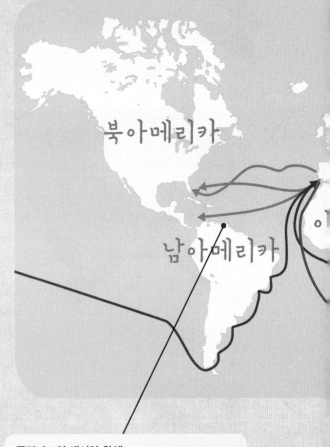

정화의 인도양 항해

명나라의 정화는 국력을 자랑하려고 1405~1433년까지 태평양과 인도양을 누비며 일곱 차례나 아프리카까지 항해를 했단다.
30여 개의 나라에서 조공을 바치자 자만해진 명나라는 더 이상 바닷길을 개척하지 않았고 어마어마하게 크고 멋진 배들을 썩혀 버렸대.

콜럼버스의 대서양 항해

1492년 황금과 향신료를 찾아 3척의 배에 90여 명의 선원을 태우고 네 차례 항해 끝에 아메리카를 발견했어. 콜럼버스는 죽을 때까지 아메리카를 인도라고 생각했지.

정화의 배(좌)
길이 150미터, 폭 60여 미터, 무게 1500
톤의 배 60여 척에 28000여 명의 선원을
태우고 항해.

콜럼버스의 배(우)
길이 23미터, 폭 7.5미터, 무게 200톤의 배
5척에 250여 명의 선원을 태우고 항해.

아시아

오세아니아

마젤란의 태평양 항해
인도로 가는 새 항로 개척을 위해 마젤란은
1519~1522년까지 5척의 배와 250여 명의 선
원을 데리고 단 한 차례 항해했는데 지구를 한
바퀴 도는 데 성공했어. 도중에 마젤란은 죽었
지만 지구는 둥글다는 사실을 증명하여 유럽
인들의 세계관을 바꾸어 놓았지.

바스코 다가마 인도항로 개척
1497년 바스코 다가마는 4척의 배에 170여 명의
선원을 태우고 아랍인의 도움으로 아프리카 가장
남쪽 끝 희망봉을 돌아 인도에 도착했어. 아프리카
대륙을 빙 돌아 인도 항로를 개척한 거지.

봄

여름

가을

겨울

3장
조선은 성리학의 나라야

나는 옥처럼 귀하게 살라는 옥분이!
평생 손에 물 마를 날 없이 사신 울 엄니가 지어 주신 이름이야.
친구들이 조선 시대 사람들의 이야기를 궁금해한다기에 나~왔지!
뭘 먹으며 어찌 살았는지 다~ 이야기해 줄게.
나를 따라나설 준비됐니?

옥분이가 들려주는 조선 시대 풍속 이야기

『호락호락 한국사』를 읽는 친구들, 안녕! 나는 조선 시대 사람들이 어떻게 살았는지 이야기를 하러 나온 옥분이야. 우리 아버지가 한양 도성 밖 왕십리에서 농사를 지으시니 나는 농부의 딸이지. 우리 아버지는 조선은 농사를 나라의 뿌리라 생각하고 농부를 양반 다음으로 대접한다고 좋아하시더라? 내가 태어나기 전부터 우리 아버지는 퇴비를 아주 잘 만드는 농사꾼으로 소문이 났었대. 그래서 정초라는

『농사직설』

높은 관리가 그 비법을 물으러 오셨고 우리 아버지의 퇴비 만드는 비법은 책에 실리게 되었지.

그 책의 이름이 『농사직설』이라는데 그 말씀을 하실 때마다 어찌나 자랑스러워하시던지 우리도 덩달아 자랑스러웠어. 이 이야기는 가문의 영광으로 쭈~욱 전해질 거 같아. 어때, 이만하면 이야기꾼으로 나올 만하지?

성리학의 나라, 조선

조선은 나라의 근본을 성리학과 농사로 삼았다는데 그게 무슨 말인지 몰라서 아버지께 여쭈어 보니 성리학으로는 사람의 마음을 다스리고 농사로는 사람의 몸을 살찌우는 거래. 그런데 농사를 지어 사람을 살찌우는 건 얼른 이해가 되는데 성리학으로 마음을 어떻게 다스리는지는 잘 모르겠더라고.

그래서 내가 눈을 깜빡깜빡했지. 눈을 깜빡이는 건 내가 이해 안 될 때 하는 버릇이야. 그랬더니 아버지가 성리학은 사람이 지켜야 할 도리와 예절을 중요하게 생각하기 때문에 마음을 다스릴 수 있는 거라 하시더라. 그리고 사람 사이의 예절을 지키고 사는 것이 바로 삼강오륜과 관혼상제라고 하시더라고. 아하, 나는 바로 이해가 되었는데, 너희들은 어쩐지 눈만 깜빡깜빡할 거 같다.

우리는 『삼강행실도』라는 한글과 그림으로 된 책이 있어서 무슨 말인지 다 아는데 너희들은 잘 모르지? 쉽게 설명을 해 볼게.

삼강오륜은 사람이 지켜야 하는 도리를 말하는 거야. 삼강이란 임금과 신하, 남편과 아내, 부모와 자식 사이에는 지켜야 할 도리가 있다는 뜻이지. 오륜은 사람 사이에 지켜야 할 다섯 가지 도리를 설명한 건데 잘 들어 봐.

군신유의 임금과 신하 사이에는 의로움이 있어야 한다는 거야. 그래야 정의로운 정치가 펼쳐지지 않겠니?

부부유별 부부 사이에는 구별이 있어야 한다는 뜻이래. 남편은 남편으로서 할 일을 잘하고 아내는 아내로서 할 일을 잘하라는 거지. 그러니까 남편은 바깥일을, 아내는 집안일을 잘하라는 뜻 아닐까? 그러고 보면 왕십리 으뜸 농사꾼인 우리 아버지와 왕십리 으뜸 살림꾼인 우리 어머니는 부부유별을 정말 잘 지키시는 거네!

부자유친 부모와 자식 사이는 각별한 정이 있어야 한대. 어버이는 자식을 사랑으로 돌보고 자식은 부모를 공경하는 거지. 우리 집처럼!

붕우유신 친구 사이에는 믿음이 있어야 한다는 건데 이건 정말 맞는 말이야. 옆집 순이에게 내 비밀 이야기를 했는데 그 이야기를 마을 아이들이 다 알고 있다면 정말 큰일 아니니?

장유유서 어른과 아이 사이에는 순서가 있어야 한다는 건데 당연한 이야기지. 우리 어머니는 늘 찬물도 위아래가 있다고 가르치셨어. 나는 어른들을 만나면 반드시 두 손 모아 공손히 인사를 드리고 우물가의 물도 어른들께 먼저 올리고 마시거든. 그래서 왕십리의 옥분이 하면 예절 바른 아이로 소문이 난 거 아니겠니? 삼강오륜도 듣고 보니 뭐 그렇게 어려운 것도 아니지? 사람 사이에 당연히 지켜야 할 것들이잖아!

관혼상제는 관례, 혼례, 상례, 제례 이 네 가지 예절을 묶어서 관혼상제라 하는데 사람의 일생에서 치러야 하는 일을 예의를 갖춰 하는 거라고 생각하면 돼.

관례는 삼국 시대부터 있던 건데 15살이 되면 남자는 땋았던 머리를 올리고 모자를 쓰고 의복을 갖춰 입은 다음 어른들께 인사를 드리는 거야. 어른이 되었단 뜻이지. 앞으로는 아이처럼 출랑대지 말고 모든 일을 의젓하고 어른스럽게 하라는 뜻이기도 해. 여자도 길게 땋았던 머리를 올려 비녀를 꽂는데 이건 계례라고 했어. 조선에서는 이렇게 15살이 되면 관례와 계례를 올려 어른 대접을 해 주었지.

관례   혼례

나는 13살이니까 두 해를 넘기면 비녀를 꽂게 될 거야. 그런데 어른 대접을 받는 건 좋지만 어른들이 자꾸 혼례 이야기를 하셔서 너무 부끄러워. 관례와 계례를 치르고 나면 혼례를 올릴 수가 있거든. 조선의 법전인 『경국대전』에는 여자는 14살, 남자는 15살이 되면 혼인

호상
복을 누리며 오래 사신 분이 돌아가셨을 때를 호상이라 하지.

할 수 있다고 쓰여 있대. 너무 이르다고? 그래, 너희가 사는 세상하고는 많이 다를 거야.

사람이 죽으면 초상을 치르는데 이걸 상례라고 해. 우리 마을의 박 진사 댁에 초상이 났을 때 마을 사람이 다들 거들었는데 마치 잔칫집 같았어. 팔십 해를 넘어 사신 노마님이 돌아가신 건 슬픈 일이 아니라 **호상**이라며 푸짐하게 먹고 마시던걸? 돌아가신 노마님이 얼마나 너그러운 분이셨는지 다들 한마디씩 하시고 상여가 나갈 때는 마을 사람 모두가 뒤를 따랐어.

우리 할아버지와 할머니는 참으로 복이 많으신 마님이라고 부러워하셨지. 한평생 귀하게 병도 앓지 않으시고 오래 살다가 많은 사람들의 배웅을 받으며 떠나는 것은 정말 흔치 않은 일이래. 오복을 누리신 분이라고 하더라. 오복은 다섯 가지 복을 말하는데 병 없이 건

애고, 애고, 애고……

상례

강하게 부자로 오래 살면서 남에게 덕을 많이 쌓고 하늘이 정한 목숨
만큼 살다가 가는 거야. 이게 좀처럼 쉬운 일이 아니어서 조선 사람
들은 복이 많~기를 바라고 또 바랐단다.

제례는 돌아가신 분께 예를 다하여 지내는 제사야. 박 진사 댁 노
마님의 제삿날이 돌아오기 전부터 마을의 솜씨 있는 여자들은 제사
준비로 바빴어. 음식을 잘 하시는 우리 어머니도 며칠 전부터 거들러
가셨지. 여자들이 정갈하고 푸짐하게 장만한 음식을 상 위에 차리면
남자들만 단정하게 의관을 갖추고 제사를 지내는데, 어찌나 엄숙한
지 개도 짖지 않더라는 거야.

내가 어머니에게 음식을 장만하느라 더 애를 쓴 여자는 왜 제사
를 드릴 수 없냐니까 그게 예법이라고 하시더라. 여자라고 무시당하

제례

는 거 같고 참 섭섭했지만 남자를 더 귀하게 여기는 때니 어쩔 수 없지, 뭐……

그런데 너희들은 어떤지 궁금하다. 뭐, 관례만 사라지고 나머지는 다 그대로 하고 있는데 완고한 집안만 아니면 이젠 여자도 제사에 참여한다고? 그럼, 여전히 여자를 무시하는 사람들도 있다는 거잖아? 에이, 많이 바뀔 줄 알았는데, 아니네?

조선의 신분 제도

채마밭
집 주변에 있는 채소밭이야.

부지런한 우리 아버지는 **채마밭**도 가꾸셔서 도성으로 채소를 팔러 다니셨어. 도성에 채소를 파는 일은 꽤나 쏠쏠한 장사였거든. 나도 가끔씩 채소를 이고 아버지를 따라가곤 했는데 한양은 눈이 휘둥그레질 만큼 크고 멋있어. 뭐? 한양 이야기는 돌이한테 들을 만큼 들었다고? 그래, 나도 그 이야기를 하려는 건 아니야. 내가 겪은 일 속에 조선 사람들이 어떻게 살았는지 알 수 있는 이야기가 숨어 있을걸? 이번에도 너희와 다른 것이 무엇인지 찾아 봐!

채소가 시들면 제 값을 못 받는다고 새벽같이 일어나 도성 문이 열리자마자 들어선 아버지는 가격 흥정이 끝나면 꼭 피맛길로 가셨어. 그곳에서 아버지와 함께 먹는 국밥은 그야말로 꿀맛이야. 도성 밖에서 나는 온갖 물건을 지고 온 사람들의 왁자지껄한 소리와 음식 냄새도 정말 좋았어. 그 맛에 동이 트기도 전에 일어나 아버지를 따라 나섰지. 아버지는 가끔 얼마간 남은 채소를 마포에서 젓갈을 이고 온 아저씨의 젓갈과 바꾸셨어. 젓갈은 반찬을 만드는 데 요긴하게 쓰여 어머니가 아주 좋아하시거든.

하루는, 사람들이 구름처럼 모인다고 운종가라 하는 큰 거리가 어떤지 아버지를 졸라 구경나갔다가 깜짝 놀랐어. 운종가에 들어서자마자 말을 탄 양반이 지나가는데, 형조 판서 나으리가 납시셨다며

"물렀거라, 물렀거라!"

하는 소리가 쩌렁쩌렁 울렸지. 그러자 거리에 섰던 사람들이 바닥에 납작 엎드렸어. 행차가 다 지나갈 때까지 먼지를 뒤집어쓰고 말이야. 그 일을 양반이 지날 때마다 하자니 정말 번거롭더라고.

'아하 이래서 우리 같은 백성들은 피맛길로 다니는구나.'

나는 그때서야 깨달았지.

보다시피 조선은 신분제 사회야. 양인과 천민으로 나뉜 양천제였는데 양반과 백성은 모두 양인이고 노비는 천민이었어. 그런데 갈수록 신분 제도는 더 나뉘면서 구별도 엄격해졌지. 양반, 중인, 양인, 천민으로 나뉘어 하는 일은 물론이고 사는 곳, 입는 옷, 먹는 음식도 다르고 서로 혼인할 수도 없었단다. 입은 옷뿐만 아니라 모자도 달라서 멀리서만 봐도 양반인지, 아닌지 알 수 있었지.

우리 마을의 박 진사라는 양반은 나라에서 보는 과거 시험 중에서 소과에 붙어 진사가 되었어. 이 어른은 대과에 붙어 나랏일을 하는 것이 꿈이라 마흔이 넘었어도 공부만 했는데 땅과 노비를 많이 가지

노상알현도

고 있어서 한평생 공부만 해도 된다지 뭐야? 양반은 군대에 가지 않아도 되고 나라에서 부리는 일에 시도 때도 없이 불려 나가지 않아도 된다나 봐. 게다가 우리만큼 세금에 시달리지 않는다니 얼마나 좋을까? 그래서인지 마을 어른들은 박 진사가 하늘처럼 높아 보인다며 박 진사가 지날 때마다 허리 굽혀 절을 했지.

우리 집안의 먼 친척 되시는 분은 일찌감치 중국말을 배워서 나라에서 보는 잡과에 떡하니 붙어 역관이 되셨어. 역관이란 양반을 도와 통역 일을 하는 거야.

이렇게 잡과에 붙어 높은 관리를 도와주는 사람들을 중인이라고 해. 하늘의 별자리를 관찰하고 지리에 관한 일을 맡아 보는 관리나 사람을 치료하는 의원도 다 중인이래. 어쩐지 우리 마을의 김 의원을 '의원 나리'라고 부를 뿐 박 진사에게 하듯이 절을 하지는 않더라고.

우리 오빠도 역관이 되어 넓은 세상을 보겠다고 친척 어른 집으로 들어갔는데 남의 나라 말은 아주 어렵다고 하더라. 친척 어른은 중국 말만 아니라 여진족 말도 잘 하셔서 나라에서 사신이 갈 때마다 불려 가시는데 그때마다 천금을 벌어 온다던걸? 고려 때부터 유명한 인삼을 명나라에 가져가면 부르는 게 값이라 돈을 그렇게 많이 번다지 뭐니? 우리 식구는 눈이 번쩍 뜨였지. 한눈팔지 말고 공부 열심히 하라는 아버지의 당부를 적은 편지를 보내면서 나는 슬쩍 예쁜 댕기를 좀 사다 달라는 말도 써 넣었어. 우린 세종 임금님 덕분에 소식을 전할 수 있게 되었거든. 우리글이 없었을 때는 답답해서 어찌 살았을까?

농부는 양반 다음가는 대접을 받는다고 우리 아버지는 자랑하셨어. 하지만 허리가 휘도록 한 해 농사를 지어 세금을 내고 나면 다섯 식구가 먹고살기에는 넉넉하지 않았지. 운종가에서 종이를 만드는 친구 분이나 피맛길에서 국밥 장사를 하시는 친구 분을 만나면 가끔 아쉬운 소리를 하셨으니까 말이야. 그리고 **군역**도 살아야 하고 나라에서 성을 쌓거나 다리를 놓으면 불려나가 품삯도 못 받고 일하셨어. 조선의 백성은 참 할 일이 많았지.

우리 옆집엔 박 진사 양반의 논밭을 일구는 **외거**

군역
조선의 젊은 남자들은 세금, 군대, 부역의 의무가 있었어. 그 가운데 군대에 가는 것을 군역이라 했지.

외거 노비
주인과 따로 살면서 가정을 이루고 해마다 약속한 곡식이나 물건을 바쳤는데 주인에게 내고 남는 것은 가질 수 있었대.

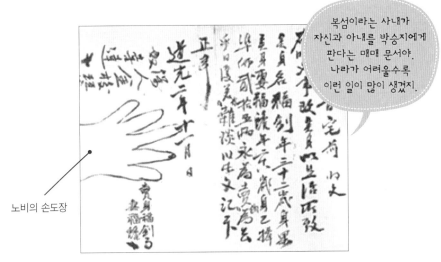

노비의 손도장

복섬이라는 사내가 자신과 아내를 박승지에게 판다는 매매 문서야. 나라가 어려울수록 이런 일이 많이 생겼지.

노비 문서

노비인 바위 아버지가 살았어. 바위 아버지는 원래 양인이었는데 흉년으로 세금을 못 내는 바람에 박 진사 댁 노비가 된 거래. 명절이면 우리와 연날리기를 하던 바위는 박 진사의 친구 집으로 팔려갔어. 노비는 물건처럼 사고팔 수 있거든. 울면서 떠나던 바위를 생각하면 참 마음이 아파…….

박 진사 댁 솔거 노비인 분녀는 나와 같은 또래인데 어쩌다 우물가에서 보면 잠시도 쉴 틈이 없다고 하더라? 그 댁 아씨의 몸종이라 한시도 아씨 곁을 떠나기 힘들대. 아침부터 밤까지 온갖 시중을 다 들어야 하는데 그나마 아씨가 너그러워서 다행이라던 분녀를 보니 참 안됐단 생각이 들더라고. 나는 내 마음대로 들로 산으로 나물 캐러 다니고, 풀각시를 만들어 소꿉장난도 하는데…….

솔거 노비
주인집과 같은 집에 살면서 주인의 명령에 따라 살아야 했지.

그런데 우리 아버지가 관가의 노비는 양반집 노비보다 낫다고 하셨어. 양반 댁 노비는 어떤 주인을 만나는지에 따라 고생스러울 수도 있는데 관가의 노비는 나라의 물건이라 양반이나 관리도 함부로 할 수 없다는 거야. 노비 중에서 관가의 노비는 그래도 대접을 좀 받았기 때문에 문서를 몰래 고쳐서 관가의 노비가 되려는 일도 있었대. 세종 임금님은 관비가 아이를 낳으면 쉬게 하고 남편에게도 아내와 아이를 돌보라고 휴가를 주셨다니 그럴 만도 하잖니? 그 소리를 들은 우리 어머니는

"나보다 낫네."

하시더라고. 내 동생을 밭매다가 낳으시고 그다음 날로 김을 매러 나가셨다니까 어머니가 그럴 만도 하시지. 농사는 제때 김을 매 주지 않으면 큰일이 나니까 아픈 몸을 이끌고 나가셨을 거야.

그런데 천민은 노비만 있는 건 아니었어. 천한 일을 하는 사람들을 다 천민이라고 했지. 장터에서 줄을 타고 온갖 묘기를 부리는 광대, 춤추고 노래하는 기생, 집안에 힘든 일이 생기면 찾아가는 무당, 가축을 잡는 백정 등이 천대를 받았어. 그리고 성리학을 받들면서 불교가 탄압받아서인지 스님들은 도성에도 발을 디디지 못하는 천대를 받았지. 그러나 백성들은 사람이 아프면 여전히 무당을 찾고 식구들의 복을 빌러 절에 다녔어.

지금까지 조선의 신분에 대해 이야기했는데 친구들, 너희들이 사는 세상과 무엇이 다른지는 찾았니? 간단하다고? 아예 신분 제도 자체가 없는 사회가 됐다고? 좋겠다, 정말 좋겠다!

조선의 세시 풍속

음력
달의 움직임을 기준으로 해서 만든 달력이야.

조선은 농사를 으뜸으로 여기는 나라여서 사람들이 즐기는 놀이와 음식은 모두 농사 일정에 맞춰져 있었어. 일과 놀이와 음식이 하나로 이어져 있었지. 우리 땅에 잘 맞는 농작물을 제때에 맞게 지으며 흥을 돋우는 놀이로 농사의 고단함을 잊었단다. 그리고 제때에 열리는 먹거리로 음식을 만들어 먹으며 농사의 고마움도 느꼈어. 이게 다 세종 임금님 때 만들어진 『농사직설』과 『칠정산 내외편』 덕분이야.

얘들아, 조선 사람들이 달마다 어떤 놀이와 음식을 즐겼는지 우리의 열두 달 이야기 한 번 들어 볼래? 아참, 우리의 세시 풍속은 다 **음력**으로 쇤다는 건 알고 있지?

새로운 한 해의 시작을 알리는 정월 초하루를 설날이라고 하는데 이날은 누구나 형편에 맞게 준비해 두었던 설빔을 입고 조상님들께 차례를 지냈지. 차례가 끝나고 어른들께 세배를 드리면 덕담을 해 주셨어.

새해가 되면 나이를 한 살 먹는다고 하는데 진짜 나이를 먹으려면 떡국을 꼭 먹어야 돼. 떡국에 들어가는 가래떡은 멥쌀가루를 시루에 쪄서 떡메로 철떡철떡 내려쳐 기다랗게 뽑아내는 거야. 그런 다음 꾸덕꾸덕하게 마르면 어슷하게 썰어서 끓이는데 부드러우면서도 얼마나 쫄깃쫄깃한지 너희들은 모를 거다. 으응? 너희들도 우리와 똑같이 설날을 쇠고 떡국을 먹어 봐서 잘 안다고? 그렇구나! 그럼, 윷놀

이와 널뛰기도 하겠구나? 500년이 지났는데도 변하지 않았다니 내가 더 신기하다, 얘!

설을 쇠고 15일이 되면 정월대보름인데 한 해 중에서 제일 크고 밝은 달이 뜨는 날이야. 겨울을 나며 부족해진 기운을 일으키느라 오곡밥에 나물을 먹고 부럼도 깨서 먹지. 그래야 부스럼이 안 나거든.

그리고 이날은 친구들에게 더위를 팔고 다니는데 친구의 이름을 먼저 불러서 그 친구가 대답을 하면

"내 더위 샀네~."

이러는 거야. 얼떨결에 대답했던 친구한테 그 해의 내 더위가 더해지는 거지. 더위가 두 배로 늘어날 친구는 얼굴이 벌게지면서 무

르겠다고 난리지만 누가 물러 주겠니? 나는 내 동생의 더위를 사는 바람에 지난여름 더 더웠던 거 같아. 올해는 꼭 내가 먼저 더위를 팔고 말거야.

고싸움놀이와 차전놀이

한강 백사장에서는 해마다 고싸움놀이가 벌어져 온 마을이 아주 떠들썩해. 커다란 통나무에 새끼줄을 감아 둥근 고리 모양을 만들어. 이것을 '고'라고 하는데 사람들이 힘을 모아 상대편의 고를 땅에 먼저 닿게 하면 이기는 거야. 후삼국 시대의 견훤과 왕건의 싸움을 보여 준다는 안동의 차전놀이하고 아주 비슷하지.

우리는 늘 이웃 마을과 고싸움놀이를 하는데 싸움이 격렬해지면 사람들의 함성과 농악 소리로 귀가 얼얼해져. 우리 마을이나 이웃 마을이나 서로 젖 먹던 힘까지 내어 싸운단다. 싸움은 나흘이나 이어지고 그래도 승부가 나지 않으면 줄다리기로 결판을 내. 이 싸움에서 이기면 그 해는 풍년이 든다고 마을 사람들이 얼마나 좋아하는데!

또 이날은 아이와 어른 모두 언덕에 올라 연을 날리는데 연에는 송액이라고 써서 한 해의 나쁜 기운을 다 날려 보내. 둥실 떠오른 한 해의 가장 밝고 큰 달의 기운을 받으면서 소원을 빌기도 하지. 그리고 밤새도록 다리 밟기를 하는데 마을의 크고 작은 12개의 다리를 밟아야 해. 그래야 나쁜 기운을 물리치고 다릿병도 앓지 않는다고 해서 우리는 대보름날 아주 바쁘단다. 이즈음의 어른들도 한 해 농사를 준비하는 퇴비도 만들고 농기구도 손보느라 아주 바쁘시지.

송액
나쁜 기운을 멀리 보내는 것을 말해.

머슴
주인집에서 먹고 자면서 농사를 지어주던 일꾼으로 세경이라는 월급을 받았어. 노비하고는 달라.

2월이 되면 부잣집에서는 품삯을 주고 부리는 머슴들에게 술과 음식을 내고 풍물놀이를 한바탕 놀게 해. 올 한해도 농사를 부지런히 지어 달라고 잔치를 벌이는 거지. 이날은 머슴들의 성년식이기도 해. 농사일을 할 수 있는 머슴으로 인정받으려면 커다란 돌을 번쩍 들어

올려서 힘이 세다는 걸 보여 줘야 하지. 어느 머슴은 100근이 넘는 돌을 훅 들어 올려서 단번에 인정받더니 마을 어른들께 술과 음식을 대접하면서 고마워하던걸? 이렇게 어른 머슴이 돼야 품삯을 받는 힘든 농사일에 끼워 주거든.

3월 3일이면 추위를 피해서 강남 갔던 제비가 돌아오는데 이날을 삼월 삼짇날이라고 해. 우리는 서로 제비가 자기 집 처마 깊숙한 곳에 집을 짓기 바라면서 제비만 보면 절을 하고 다녀. 이걸 '제비맞이'라고 하는데 제비가 복을 가져다주는 새이기 때문이야. 흥부 놀부 이야기가 그냥 나온 이야기가 아니라고.

이날은 여자들도 몹시 기다리는 날이야. 왜냐하면 이때가 되면 산과 들에 꽃이 한가득이라 꽃놀이를 할 수 있거든. 마음대로 바깥출입을 할 수 없던 양반 댁 아씨들도 이날만큼은 마음껏 들로 산으로 꽃놀이를 하면서 진달래 화전을 먹는단다. 커다란 솥뚜껑에 기름을 두르고 물에 갠 찹쌀을 둥글고 얄팍하니 올린 다음 진달래를 펼쳐 놓으면 화전이 되는 거야. 요걸 꿀에 슬쩍 찍어 먹으면 둘이 먹다 하나가 죽어도 모르는 맛이란다.

날은 더 따뜻해져 이제 본격적으로 농사를 지어야 하는 한식 때는 조상의 산소를 돌보면서 한 해 농사가 잘 되게 해 달라는 뜻에서 제사를 지내. 그런데 이때는 바람이 심하게 불고 큰 비가 내리기 때문에 찬 음식으로 제사를 지내고 불을 피우지 않아. 심한 바람이 부는 날에 산에서 불을 피웠다간 어찌 되는지 너희들도 잘 알거야.

4월 초파일은 부처님이 오신 날이라고 절에서는 등을 달고 부처님의 공덕을 감사하는 재를 올려. 어머니와 나도 부처님께 아껴 두었던 쌀을 올리고 소원을 빌며 탑을 돌고 또 돌았지. 무슨 소원을 빌었냐고? 우리 아버지가 지게를 지다가 허리를 좀 다치셨거든. 그래서 빨리 낫게 해 달라고 빌었어. 효녀라고? 그럼! 조선에서는 나라와 임금님에게 충성하고 부모님께 효도하는 것이 최고거든.

5월 5일은 단옷날로 수릿날이라고도 해. 수리에는 높다라는 뜻이 들어 있어 최고의 날이라는 말이래. 초여름이라 그리 덥지도 않고 풀과 나무는 푸르러서 살기에 딱 좋은 때잖니! 모내기를 막 끝낸 다음이라 임금님은 그동안 애쓴 농부를 위로하고 풍년이 들게 해 달라고 선농제를 지내며 백성들과 한마음이 된다.

백성들은 고된 농사일을 잠시 쉬며 창포에 머리 감고, 그네 뛰고,

어이, 이기면 소가 한 마리여!

널뛰고, 씨름을 하면서 흥겨운 놀이를 즐기지. 그리고 다가올 여름에 대비해서 임금님부터 백성들까지 부채를 만들어 선물해. 더운 여름을 조금이라도 시원하게 보내라는 마음이 부채에 담기는 거야.

그런데 우리들은 무엇보다도 수레바퀴처럼 둥글게 만든 쑥떡을 꿀에 꾹 찍어 먹는 수릿떡을 제일 좋아하지. 요것도 둘이 먹다 셋이 죽어도 모를 맛이거든.

궁궐에서나 마을에서나 다 같이 즐기는 격렬한 놀이가 있는데 그게 무엇인지 아니? 바로 격구란다. 격구는 삼국 시대부터 있던 건데 너른 마당을 뛰어다니거나, 말을 타고 달리면서 긴 막대기로 공을 쳐서 상대편 구멍에 넣는 놀이야. 몸싸움이 심하긴 한데 무예를 기르는 데는 그만이라서 무과 시험에 격구가 들어가기도 했대. 궁궐에서는 말을 타고 달리며 이 놀이를 했겠지만 우리 마을에선 남자들이 마당을 뛰어다니면서 하는데 땀을 비 오듯 흘리더라고.

단오가 지나 유월이 되면 농사일은 끝이 없는데 한여름 무더위까지 기다리고 있어 사람을 지치게 만들지. 초복, 중복, 말복이라는 삼복은 너무 더운 날이라 모든 일을 접고 계곡이나 산을 찾아 더위를 이길 음식을 먹었어. 삼계탕에 수박이나 참외를 먹으면 더위를 잠시나마 잊을 수 있으니까. 그런데 궁궐에서는 임금님이 신하들에게 석빙고의 얼음을 나눠 주신다대? 아, 한여름 얼음은 얼마나 시원할까? 우리는 한겨울 처마에 달린 고드름 맛밖에 모르는데…….

삼복에 지친 우리를 보고 아버지가 말씀하셨어.

"얘들아, 초복이면 벼가 한 살을 먹고, 중복이면 두 살을 먹고, 말

복이면 세 살을 먹는 거야. 봐라, 곧 벼이삭이 단단히 여물어 고개를 푹 숙이는 날이 올 거다. 이 더위는 벼를 키우는 고마운 더위지.”

　그 말씀에 우리는 더위를 먹고 자라는 벼들을 대견하게 바라봤어. 우리도 더위를 먹으며 자라는 걸 거야.

　그래도 더위에 헉헉대니 어머니가 동쪽으로 흐르는 개울에 가서 머리를 감거나 목욕을 하라고 하셨어. 그걸 유두(동류두목욕의 준말)라고 하는데 그래야 나쁜 기운이 다 씻겨 나가고 더위를 이길 수 있는 거래. 그래서 개울가에서 머리도 감고 등목도 하고 바위에 앉아 있으려니 더위가 싹 가시더라고. 정말 나쁜 기운도 다 씻겨 나갔으려나?

삼복이 지나 얼추 농사일이 끝나갈 무렵인 7월 7일은 칠석이야. 이 날은 은하수의 까치와 까마귀가 만든 오작교에서 견우와 직녀가 만나 기쁨과 이별의 눈물을 흘려 비가 내리지. 그 빗물로 목욕을 하면 땀띠와 부스럼이 안 난대. 우리 할머니는 우물가를 깨끗하게 치우고 집안이 잘되게 해 달라고 비시고 어머니는 직녀에게 길쌈이 잘되게 해 달라고 비신단다. 직녀가 길쌈의 여신이잖니?

타는 듯한 햇볕 아래서도 아버지는 논매기를, 어머니는 밭매기를 제때에 잘하셔서 우리 농작물은 쑥쑥 잘 자랐어. 그리고 드디어 그토록 기다리던 8월 한가위가 되었는데 우리 할머니는 가장 오랫동안 이어온 으뜸 명절이라고 하셨지. 이날은 햇곡식과 햇과일로 조상님께 차례를 지내고 성묘도 하는데 너희들은 어떻게 하니? 아, 여전히 가장 큰 명절이라고? 우리도 제일 반기는 명절이야. 왜냐면 한 해 동안 농사지은 것을 다 거둬들이는 때라 아주 풍요롭거든.

나는 한가위 음식 중에서 반달 모양에 여러 가지 소를 넣어 빚고 솔잎으로 쩌 낸 송편이 제일 좋아. 먹을 때마다 무슨 소가 들었을까 궁금하다가 원하던 소가 나오면 그렇게 좋을 수가 없더라고.

농자천하지대본야
농사가 천하의 근본이라는 말이야. 성리학의 나라였던 조선은 일한 만큼 수확하는 농사를 물건을 만드는 일이나 장사보다 귀하게 여겼단다.

남자들은 씨름을 걸판지게 벌이는데 으뜸 씨름꾼에겐 황소를 줘. 그래서 힘깨나 쓴다는 남자는 다 모여서 엎어치고 메치느라 난리도 아니란다. 농악대는 **'농자천하지대본야'** 라고 쓴 기를 펄럭이며 피리 불고 꽹과리를 치면서

"더도 말고 덜도 말고 한가위만 같아라."

를 외치며 마을을 돌지. 이럴 때면 농사의 고단함도 다 풀리는 거 같고 마을 사람들이 다 부자가 된 것 같아서 한가위가 참말 좋아.

그리고 높이 뜬 둥근달 아래서 강강술래를 돌 때는 그렇게 푸근할 수가 없어. 손에 손잡고, 목청 좋은 아주머니가 앞소리로

"하늘에는 달도 밝고~."

하면 뒷소리로 다 함께

"강강술래~."

하면서 힘차게 돌면 달과 사람들이 다 하나가 된 거 같거든.

9월 9일은 중양절인데 이즈음이면 제비가 강남으로 날아가고 산에는 단풍이 들고 들에는 국화도 활짝 피어. 사람들은 국화주를 담고 국화전을 만들어 먹으며 단풍놀이를 즐기지. 바람은 선선하고 풍경은 아름다워 놀기에는 더없이 좋단다.

10월은 상달이라고 해서 집안을 지키는 신들에게 고사를 지내. 너희들은 미신이라고 하겠지만 우리는 살고 있는 집에도 고마움을 그렇게 표현하며 살았어. 어머니는 붉은팥으로 시루떡을 쪄서 부엌을 지키는 조왕신에게 올리며 식구들이 평안하기를 빌었지. 우리는 시루떡 먹기만 목이 빠지게 기다리고 있었어.

11월은 동짓날이 있는데 이날은 질병을 가져오는 역귀가 집안으로 들어오지 못하게 한단. 역귀가 싫어하는 붉은색인 팥죽을 쑤어 집안 곳곳에 놓아두면 역귀가 '옴마야아~' 하고 도망간다나?

흐어엉~.

12월의 마지막 날은 섣달그믐이라 하는데 '작은설'이라고도 해. 이날은 아무리 가난한 사람도 떡국을 끓여 먹고 어른들께 묵은세배를 올려. 그리고 집안 곳곳을 청소하고 새해를 맞지. 그런데 이 날은 닭이 울 때까지 잠들면 안 돼. 왜냐하면 눈썹이 하얗게 세기 때문이야. 그래서 우리는 자지 않으려고 안간힘을 쓰는데 내 동생이 그만 스르르 잠들어 버리더라고? 그래서 내게 더위를 팔았던 앙갚음을 해 줬지. 동생 눈썹에 하얀 쌀가루를 발라 놨는데…… 크크 내일 아침이면 비명 소리가 들릴 거다.

그런데 왜 눈썹이 세는 거냐고? 아~ 우리 할머니가 그러시는데 우리 몸속엔 삼시충이라는 세 마리 벌레가 산대. 이놈들은 사람이 빨리 죽어야 제삿밥을 얻어먹기 때문에 우리가 잘못한 일을 옥황상제에게 일러바쳐 수명을 깎게 한다나? 우리가 잘못을 저지르거나 나쁜 마음만 먹어도 삼시충들은 하나하나 기억했다가 고자질하러 섣달그믐 밤에만 하늘로 올라가는 거지. 그래서 이놈들이 올라가지 못하게 눈을 부릅뜨고 지키라는 뜻에서 잠들면 눈썹이 센다고 하는 거래.

여기까지가 우리 조선 사람들의 열두 달 이야기야. 우리는 이렇게 자연과 삶이 하나가 되어 살았단다. 너희들이 처음 듣는 이야기가 너무 많다고 할까 봐 줄이고 줄였는데 재미있었니? 내 이야기를 잘 들어줘서 고마워! 안녕~.

저자가 직접 강의하는 호락호락 한국사 3장
왼쪽의 QR코드를 찍어서 저자의 강의를 들어 보세요!
만약 QR코드가 안 될 경우에는 아래 링크로 들어오세요.
https://blog.naver.com/damnb0401/221250088948

토론 주제 : 조선 백성들은 어떤 이야기를 좋아했을까?

토론자 : 그렇군 😐 과 딴지양 😊, 옥분이 😀, 옥분이 할머니 👵

토론 주제가 뭐 이래? 이 주제 누가 정한 거냐?

후후…… 좀 그렇지? 이 주제는 내가 정했어. 늘 주제가 딱딱한 거 같아서 말이야. 조선에는 옛이야기가 많잖아. 그중에서도 백성들이 특별히 좋아한 이야기가 무엇인지 궁금하지 않아?

그래, 얘들아! 우리는 여름엔 모깃불을 지피고 모기를 쫓아가며 옛이야기를 들었어. 그리고 겨울엔 화롯가에 둘러앉아 다디단 군밤을 먹으며 이야기에 빠져들었지. 이야기를 밝히면 가난하게 산다고 어머니가 나무라셨지만 끄떡도 하지 않았어.

그렇게 재미있었구나! 나도 할머니가 들려주시는 이야기, 듣고 싶다~.

그렇지? 그래서 내가 왕십리에서 이야기 할머니로 소문난 우리 할머니를 모셔 왔다!

와아, 할머니, 안녕하세요?

안녕하세요?

오오냐, 그래. 나는 조선의 아이들이나 이야기를 좋아하는 줄 알았는데…….

아녜요, 할머니! 우리도 옛이야기 듣는 거 좋아해요. 이야기 들려주시는 분이 없어서 그렇지, 다른 아이들도 좋아할 걸요?

나는 게임이 더 좋아!

그렇군! 너 참 눈치 없다. 우리 할머니가 이야기 들려주려고 여기까지 오셨는데…….

옥분아, 시대가 변하면 좋아하는 것도 변하는 거란다. 그렇군이 솔직해서 좋구먼! 그런데 조선의 백성들이 좋아한 이야기가 왜 궁금한 게냐?

네, 할머니. 무슨 이야기를 좋아했는지 알면 조선의 백성들이 바란 것이 무엇인지 알 수 있을 거 같아서요.

아이구, 아주 야무진 녀석일세! 뭐, 우리 백성들이야 복이 많기를 바랐지. 그래서 복에 관한 이야기가 제법 된단다. 나도 우리 손주들이 복 많이 받고 잘 살기를 바라서 자주 들려주던 이야기가 있는데 그걸 좀 들려주련?

할머니, 할머니 그, 그 제 복으로 산다는 아이부터 복 타러 간 총각까지 쭈욱 이어서 해 주시는 이야기 있잖아요? 그거 들려주면 애들도 좋아할 거예요.

그래, 그렇게 하자꾸나.

할머니, 이야기가 긴~가요? 저는 내일 수학경시대회가 있어서 다시 학원 가야 되거든요.

무슨 말인지는 모르겠다만 무척 바쁜 모양이구나. 그래, 이야기를 듣다가 슬쩍 나가도 되니 걱정 말거라. 제일 먼저 들려줄 이야기는 '제 복으로 살지요'란 이야기란다.

옛날, 옛날 아주 먼 옛날 태어날 때부터 빌어먹어야 했던 두 사람이 있었단다. 한 사람은 윗마을에 살고 또 한 사람은 아랫마을에 살았는데, 윗마을은 아랫마을이 살기 좋다 하고 아랫마을은 윗마을이 살기 좋다고 소문이 났지. 아, 그래 두 사람은 동냥 바가지를 들고 나섰다가 길 한가운데서 딱 마주쳤는데, 그만 첫눈에 반해 버리고 말았지.

엥? 남자 거지하고 여자 거지였어요?

그렇지! 두 사람은 동냥질로 하루하루를 사는데도 사이가 어찌나 좋던지 해마다 딸을 낳아 셋씩이나 낳았단다. 자식이 태어날 때마다 논이 생기고 밭이 생겼지. 막내딸이 태어났을 때는 높은 기와집에 달캉달캉 울리는 풍경까지 달고서 떵떵거리며 잘 살게 되었더란다.

와아~ 딸들이 복덩이인가 보네요?

그래, 복덩이 맞다! 어느덧 세월이 흘러 셋째 딸이 열다섯이 되던 해, 부부가 딸들을 불러 물었지.

"첫째 아가야, 너는 누구 덕에 하얀 쌀밥에 고깃국, 비단옷을 걸치고 은 대야에 세수하고 사느냐?"

"하늘님, 땅님 덕입니다만 뭐니 뭐니 해도 아버지, 어머니 덕입니다."

"아이고 기특한 우리 첫째 아가로구나."

부부는 흐뭇해하면서 둘째 아가를 불렀어.

"둘째 아가야, 너는 누구 덕에 하얀 쌀밥에 고깃국, 비단옷을 걸치고 은 대야에 세수하고 사느냐?"

"하늘님, 땅님 덕입니다만 뭐니 뭐니 해도 아버지, 어머니 덕입니다."

부부는 좋아서 벙그르르 입이 벌어졌지. 그리고 이번에는 제일 아끼는 셋째 아가를 불렀어.

"셋째 아가야, 너는 누구 덕에 하얀 쌀밥에 고깃국, 비단옷을 걸치고 은 대야에 세수하고 사느냐?"

"하늘님, 땅님 덕이고 아버지, 어머니 덕입니다만 뭐니 뭐니 해도 제 복으로 삽니다."

"어허, 이런 고얀 것! 어디 네 복으로 얼마나 잘 사는지 두고 보자."

잔뜩 기대했던 부부는 제 복으로 산다는 말에 벌컥 화가 나서 그만 막내딸을 내쫓고 말았지.

어머나, 자기 복으로 산다는 말 한마디 때문에 딸을 쫓아내다니 말도 안 돼요. 그런데 쫓겨난 막내딸은 어찌 됐나요?

막내딸은 발 가는 데로 걷다가 산속에서 숯을 굽는 총각을 만나게 됐지. 의지할 데 없었던 두 사람은 물 한 그릇 달랑 떠 놓고 혼인을 했어. 그런데 하루는 점심을 싸 들고 남편이 일하는 가마터에 가 보니 아, 이게 웬일이야! 글쎄 가마터가 죄다 금덩어리지 뭐냐? 그 금덩이를 팔아 아흔아홉 칸 집을 짓고 솟을대문에 달캉달캉 풍경까지 울리며 잘 살게 되었지.

그런데 부모님 덕에 잘 산다던 두 딸은 혼수를 바리바리 실어 좋은 곳으로 시집을 보냈건만 얼마 못 가 살림이 어렵게 되고 말았어. 엎친 데 덮친 격으로 부모도 그 많던 살림이 해가 갈수록 쪼그라들더니 도로 거지가 되고 말았지. 그러니 어쩌겠냐, 동냥 바가지를 들고 또 이 마을 저 마을로 얻어먹으러 다녔지. 그러던 어느 날 아흔아홉 칸 솟을대문 부잣집에 들어서니 아, 대문을 밀 때마다

"복, 복, 복."

이런 소리가 나더란 게야. 오른쪽 문을 밀어도 '복, 복, 복', 왼쪽 대문을 밀어도 '복, 복, 복', 그렇게 열두 대문을 열고 들어서서

"찬밥 한 덩이 내주오."

하니 사락사락 비단 치마를 끌고 나온 마님이 덥석 손을 부여잡는 게 아니겠냐? 깜짝 놀라 눈을 들어 보니 이게 웬일이야, 쫓아냈던 막내딸이 눈물이 그렁~그렁해서 서 있더란다.

아휴, 잘 됐다!

그래, 그렇지? 이 막내딸이 부모님 오셨다고 밥이야, 떡이야 내오며 온갖 정성을 다해서 모셨어. 막내딸 집에 살게 된 아버지가 하루는 딸의 얼굴을 자세히 들여다보니 얼굴에 복이 그냥 다글다글 붙었는데, 그 집의 개도 얼굴에 복이 드레드레 붙어 있더라나? 그래서 막내딸에게

"셋째 아가야, 저 개를 통째로 좀 끓여다우."

하니까, 말 떨어지기가 무섭게 국을 끓여 올렸어. 그런데 국에 무슨 **깍정이** 같은 게 떠다니니까 막내딸은 얼른 건져 먹고는 상을 내갔지.

그랬더니 아버지가 이리 뒤적 저리 뒤적 하더니

"셋째 아가야, 너 여기서 무얼 건져 먹었니?"

하질 않겠어? 막내딸은 깍정이를 아버님 상에 올릴 수 없어 건져 먹었다 하니

"그럼, 그렇지! 네 복이 어디 가겠느냐?"

하면서 입맛만 쩝쩝 다셨더란다.

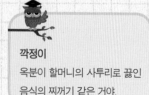

깍정이
옥분이 할머니의 사투리로 끓인 음식의 찌꺼기 같은 거야.

깍정이가 개가 가지고 있던 복이에요?

그런 셈이지.

할머니, 그 집의 개도 주인인 막내딸을 닮아 복이 많았던 거죠? 그 복은 아무도 가져갈 수 없는 거고요. 그래서 할머니가 보이지 않는 복을 많이 타고나야 하는 거라고 하셨구나!

그럼, 사람은 타고난 복으로 산다는 거네요? 그런데 할머니, 복을 타고나지 못한 사람은 어떻게 해요?

다 방법이 있지. 잠시 빌려서 살면 된단다.

복을 빌려서 산다고요? 아니, 어떻게요?

할머니, 딴지양 숨넘어가겠어요.

그래, 그래. 딴지양이 숨넘어가면 안 되지! 이번엔 복을 빌려서 산 나무꾼 이야기를 해 주마.

옛날, 옛날에 가난하디 가난한 나무꾼이 있었단다. 가진 게 하나도 없어서 산에서 나무를 해다가 겨우 입에 풀칠을 하고 사는데, 하루는 저도 남들처럼 한 번 잘 살아보겠다는 용기를 냈어. 그래서 남이 나뭇짐을 한 짐 할 때 두 짐, 세 짐을 해다가 마당에 두었는데 아, 번번이 이튿날만 되면 한 짐만 남아 있는 게야. 화가 단단히 난 나무꾼은

"아, 어떤 놈이 나처럼 가난한 사람 걸 훔친단 말이야?"

하면서 하루는 나뭇짐 속에 숨어서 보고 있었지.

그런데 한밤중이 되자 하늘에서 회오리바람이 휘이잉 불더니 나뭇짐을 들어 올려서는, 하늘 마당에 턱하고 내려놓는 게 아

니겠냐? 나뭇짐 속에서 나온 나무꾼이 하늘 마당을 둘러보니 자기가 해다 놓은 나뭇짐이 죄다 거기에 있지 않겠어? 하도 기가 막혀서 마침 하늘 마당에 나와 있던 옥황상제에게 달려가 따지듯 물었지.

"옥황상제님, 어찌하여 제 나뭇짐이 여기에 다 있는 것입니까요?"

"너는 복이 나무 한 짐밖에 안 되어 그런 것이니라."

아, 이런 청천벽력 같은 소리에 나무꾼은 엉엉 울면서

"사람으로 태어나서 지지리 고생만 하다 죽어서야 되겠습니까요? 저도 한때라도 잘 살게 해 주십시오, 네에?"

하고 매달리니 옥황상제도 불쌍했던지 아직 세상에 태어나지 않은 수레의 복을 빌려주마 했지. 그러나 수레가 태어나거든 꼭 돌려줘야 한다는 다짐을 받았어.

수레의 복 때문인지 나무꾼은 하는 일마다 잘 돼서 논과 밭이 생기고 고래 등 같은 기와집도 생겨서 잘 살게 되었더란다. 그런데 비가 억수같이 쏟아지던 저녁에 웬 거렁뱅이 여자가 비를 좀 피하게 해 달라는 게야. 부자가 된 나무꾼은 얼른 헛간을 비워 주었지. 아, 그런데 그 여자가 밤새 혼자서 아이를 낳았지 뭐냐? 그런데 그 아이를 수레 위에서 낳았다고 이름을, 이름을~~.

혁, 수레? 이제 이 아저씨 큰일 났네요. 복이 몽땅 날아가게 생겼는걸요?

거렁뱅이
거지를 말해.

그래, 그렇게 생겼구나. 그 소리를 들은 나무꾼, 아니 부자는 얼른 거렁뱅이 여자에게 안방을 내어주고 뜨끈뜨끈한 미역국에 기름이 자르르 흐르는 하얀 쌀밥을 지어 잘 돌봐 주었단다. 그리고 자기 집에서 편히 살 수 있게 해 주었지.

그런데 다시 세월은 화살처럼 흘러 수레가 열다섯 살이 되자 장가를 들게 됐단다. 그러자 부자는 수레와 수레 어머니를 불러 그동안의 이야기를 다 들려주었어. 그리고 여태껏 수레 복으로 잘 살았으니 모은 재산을 다 돌려주고 떠나겠다고 했지.

할머니, 옥황상제하고 한 약속은 지킨 거네요? 난 늘 부자가 된 나무꾼이 약속을 안 지킬까 봐 조마조마했거든요.

사람이 그래서야 쓰나? 하늘하고 한 약속인데…… . 수레와 수레 어머니는 이야기를 다 듣더니 떠나겠다는 부자를 말렸어. 그동안 잘해준 것이 고맙다면서 함께 살자고 했지. 그래서 세 사람은 한평생 의지하면서 잘 살았더란다.

와아~ 복을 다 함께 누리라는 이야기 같아요. 수레만 복을 받았다면 수레만 잘 살았을 거 아녜요? 그런데 복을 빌려주니까 마치 눈덩이처럼 복도 불어나 세 사람이나 행복해졌잖아요. 식구들이 늘면 더 많은 사람이 복을 누리겠는걸요!

그렇지! 하나를 가르쳐 주면 열을 알겠구나, 기특한 것!
그런데 어디 빌릴 복도 없어서 지지리 가난하게 사는 총각이 있었는데 이 총각은 또 어이할꼬?

아, 복이 좁쌀 반 토막인 총각 이야기하실 거죠?

어머나, 좁쌀 반 토막밖에 안 되는 복도 있어요?

서천 서역국
인도의 옛 이름이야.

그렇단다. 옛날에 복이 없어도 지지리 복이 없는 총각이 살았더란다. 의지할 사람도 없고 땅뙈기도 없어서 굶는 날이 먹는 날보다 더 많았지. 어떻게든 살아 보려고 아무리 발버둥을 쳐도 가난을 벗을 수가 없었단다. 그러던 어느 날 **서천 서역국**의 부처님께 복을 타 오면 잘 살 수 있다는 말을 듣게 되었어. 그곳은 멀고도 험한 길을 지나야 갈 수 있다고 했지만 총각은 용감하게 나섰지.

한참을 가다 해가 꼴깍 넘어가자 외딴집에 묵게 되었는데 고운 처자 혼자 사는 집이었단다. 처자는 묵어갈 방을 내주며 어디 가는 길이냐고 물었지. 총각이 서천 서역국으로 복 타러 간다고 하자 눈을 빛내면서 말했어.

"저는 식구를 다 잃고 외딴 곳에 산 지 스무 해가 넘었습니다. 부처님을 뵙거든 제가 언제쯤 낭군을 만나는지 여쭤봐 주세요."

이 부탁을 들은 총각은 얼른 그러겠다고 약속을 했지.

다음 날 일찍 길을 나서 숨도 안 돌리고 걸었는데 또 해가 꼴딱 넘어갔지 뭐냐? 마침 외딴집이 있어 하룻밤 묵게 되었는데 수염이 허연 할아버지가 혼자 살고 있었어. 할아버지도 총각에게 어디 가는 길이야고 물었지. 총각이 서천 서역국으로 복 타러 간다고 하자 간곡하게 말했어.

"이보게, 젊은이! 내가 홀로 되어 나무를 심은 지 수십 년이 지났는데도 나무가 도통 자라지 않고 그대로라네. 부처님께 그

까닭을 좀 여쭤봐 주겠나?"

총각은 얼른 그러겠다고 약속을 했어.

다음 날 해도 뜨기 전에 길을 나서 한눈 한 번 안 팔고 걸었는데 이게, 이게 웬일이야? 시퍼런 물이 넘실대는 바다가 딱 가로막고 있는 게 아니겠냐? 총각은 풀썩 주저앉아 꺼이꺼이 목놓아 울었어. 바다가 가로막고 있으니 서천 서역국 가기는 다 틀린 거지. 그런데 어디서 나타났는지 커다란 이무기가 고개를 쑥 내밀고 물었어.

"어이, 총각! 사내가 왜 그리 울고 있는 게야?"

그래서 서천 서역국에 복 타러 가려는데 바다가 가로막아 울고 있는 거라고 하자

"그래? 바다는 내가 건네줄 터이니 울지 마. 대신 부처님께 이무기로 수천 년을 살았는데 왜 용이 될 수 없는지 여쭤봐 주겠어?"

총각이 얼른 그러겠다고 고개를 힘차게 끄덕이자 이무기는 눈 깜짝할 사이에 바다를 건네주었지.

마침내 서천 서역국에 다다라 부처님을 뵙게 되었어. 어찌 왔느냐 물으시는 부처님께 복을 타러 왔다고 대답하니

"너는 타고난 복이 좁쌀 반 토막인데 이미 그 복을 다 받았느니라."

아, 이러시질 않겠냐? 총각은 가슴이 쿵하고 무너져 내렸지만 부탁받은 일을 저버릴 순 없었지.

 햐아~ 정말 착하다. 나 같으면 엉엉 울어버릴 텐데…….

그다음은 어떻게 되나요?

어머, 너 여태 있었던 거니? 바쁘다더니?

긁적긁적! 뭐, 이야기가 너무 재미있어서~라고나 할까…….

할머니, 빨리요!

그래, 우리 딴지양이 또 숨넘어가겠구나? 부처님은 총각이 묻는 일에 하나하나 자세히 일러 주셨어. 아무런 복도 받지 못한 총각은 발이 떨어지질 않았지만 부탁받은 이야기를 전하려고 걸음을 재촉했지. 바다에서 다시 만난 이무기가 건너편으로 건네주자 총각은 방법을 일러 주었어.

"너는 여의주 하나를 버리면 용이 된다 하시더라."

그러자 이무기는 꿀렁꿀렁 여의주 한 개를 토해 내더니 고맙다면서 총각에게 주고는 바로 용이 되어 하늘로 올라가 버렸어. 얼떨결에 여의주를 얻은 총각은 발걸음이 가벼워졌지.

이번엔 할아버지를 만나 나무뿌리를 금덩이가 누르고 있어 자라지 못하는 거라는 말을 전했어. 그러자 할아버지는 금덩이를 파내어 총각에게 덥석 쥐어 주었지. 한 손에는 여의주, 한 손에는 금덩이를 든 총각은 구르듯 처자의 집으로 달려갔어. 그러고는 두 번 만난 남자가 처자의 낭군이라 하니 그렇다면 총각이 바로 제 낭군님이라 하지 않겠냐? 두 사람은 혼인을 해서 아들딸 낳고 알콩달콩 잘 살았단다.

아~ 잘 됐다, 정말 잘 됐다!

너도 그렇게 말하는구나? 나는 자주 듣는 이야기인데도 들을 때마다 마음이 졸아 들었다, 안심이 됐다 그런다니까!

그렇지? 아마 들을 때마다 새롭게 들리는 이야기는 옛이야기 밖에 없을 게다.

그게 옛이야기의 매력이죠. 마지막 이야기는 복이 없으면 복을 지으면서 살라는 이야기 같은데 맞나요?

어머, 얘는 말도 없더니 말귀는 제법인데요, 할머니?

그렇구나. 요 녀석도 하나를 가르치면 열을 알겠는걸?

푸하하하.

지금까지 들려준 이야기는 다 복에 관한 이야기였다. 사람들은 타고난 복이 있어야 잘 산다고들 하지. 하지만 타고난 복이 없는 사람도 잘 살 수 있는 방법이 있지 않던?

복을 빌려서 살다가 복을 불려서 주면 다 행복해져요.

그래, 그래, 네 말이 맞구나!

빌릴 복마저 없는 사람은 복을 지으면서 살면 되고요. 그러면 더 많은 사람이 행복해지던걸요?

에구~ 뉘 집 자식들인지 영특하기 그지없구나! 옛이야기는 팍팍한 세상살이를 견디는 백성들의 이야기란다. 힘없는 백성들은 이런 이야기에 기대어 용기를 내고 서로 도우며 살았지.

정말 그래요. 가난한 사람들에게 용기를 갖고 살라는 이야기 같아요.

맞아. 할머니의 이야기를 듣고 있으면 이래라저래라 하지 않는데도 저절로 깨닫게 되는 게 있거든? 그래서 나는 옛이야기가 참 좋았어!

너희들도 눈이 반짝반짝해서 들으니 이 할미도 흐뭇하구나. 옥분아, 이제 그만 돌아가자꾸나. 잘들 지내거라.

할머니, 이야기 정말 고맙습니다. 안녕히 가세요. 옥분아, 너도 잘 가!

저도요. 할머니, 안녕히 가세요.

야, 너 학원 안 가니?

아이쿠야~ 난 이제 죽었다!

지혜를 가르쳐 주는 옛이야기

　나는 딴지양이 정한 주제가 '조선의 백성들은 어떤 옛이야기를 좋아했을까'라는 소리를 듣고 어떻게 그게 토론거리가 된다고 생각하는지 참 한심했다. 그런데다 할머니까지 나오셔서 옛이야기를 직접 들려주신다고 하니 학원에 가는 게 더 낫겠다고 생각했다.

　그런데 옛이야기를 듣다가 학원 버스를 놓쳐 혼이 났지만 정말 재미있었다. 옛이야기가 게임보다 재미있을 줄은 몰랐다. 사람은 타고난 복으로 사는데 그게 없으면 빌려서 사는 복도 있고 그것마저 없으면 착한 일을 해서 복을 받으라는 이야기는 시리즈처럼 잘 이어져 아주 훌륭했다. 특히 가난한 나무꾼이 복을 불려서 약속대로 원래 주인에게 되돌려

주고 자기도 행복해지는 이야기가 참 좋았다. 주인이 나타났는데도 안 돌려주면 어쩌나 마음이 조마조마했는데…….

할머니한테 들은 옛이야기는 사람들과 어떻게 나누며 살아야 하는지 가르쳐 주는 거 같아서 자꾸 생각날 거 같다.

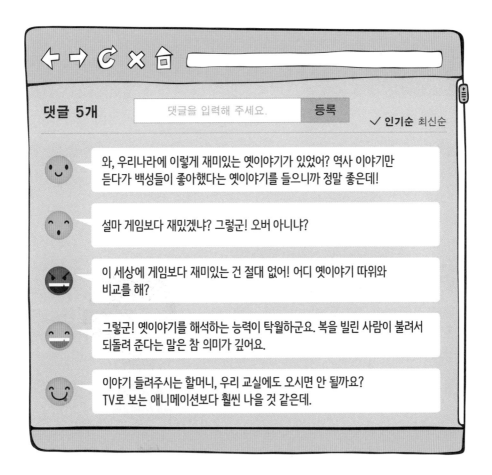

댓글 5개   댓글을 입력해 주세요.   등록

✓ 인기순 최신순

와, 우리나라에 이렇게 재미있는 옛이야기가 있었어? 역사 이야기만 듣다가 백성들이 좋아했다는 옛이야기를 들으니까 정말 좋은데!

설마 게임보다 재밌겠냐? 그렇군! 오버 아니냐?

이 세상에 게임보다 재미있는 건 절대 없어! 어디 옛이야기 따위와 비교를 해?

그렇군! 옛이야기를 해석하는 능력이 탁월하군요. 복을 빌린 사람이 불러서 되돌려 준다는 말은 참 의미가 깊어요.

이야기 들려주시는 할머니, 우리 교실에도 오시면 안 될까요? TV로 보는 애니메이션보다 훨씬 나을 것 같은데.

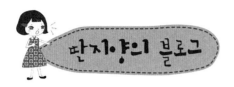

서로 돕는 옛이야기의 주인공들

내가 이야기를 좀 밝히기도 하지만 옥분이 할머니가 들려주신 복 이야기는 최고였다. 생각할수록 따뜻하고 용기를 주는 이야기이기 때문이다.

옛이야기의 주인공은 다들 가진 것도 없고 외로운 사람들이다. 제 복으로 산다는 셋째 딸의 부모는 거지였다. 남의 복을 빌려 산 나무꾼은 의지할 데도 없이 가난했고 복 타러 간 총각도 복이 지지리 없는 사람이었다. 외딴 집에 혼자 사는 처자도, 할아버지도 참 외로워 보였다. 이

> 거지, 쫓겨난 셋째 딸,
> 숯 파는 총각, 나무꾼,
> 혼자 사는 처자, 꽃나무 키우는
> 할아버지…… 다 가난하고
> 외로운 사람들이네.

렇게 가난하고 외로운 사람들이 서로 도와주면서 복을 받는 이야기가
나는 참 좋았다.

특히 복 타러 간 총각에게 부처님이 이미 복을 다 받았다고 할 때는
정말 기가 막혔을 텐데도 남이 부탁한 것을 잊지 않고 챙기는 모습에
울컥했다. 옥분이 할머니 같은 분이 우리 곁에 계셨으면 정말 좋겠다.

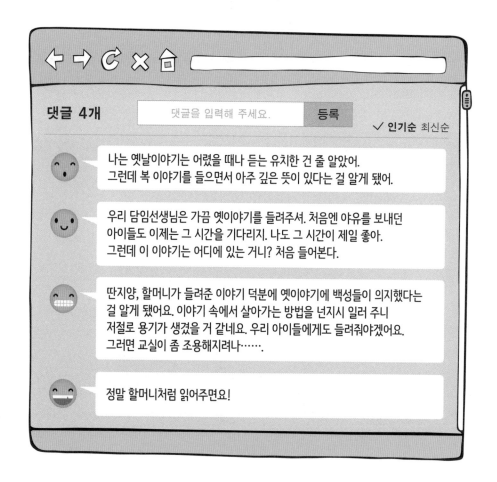

댓글 4개 　댓글을 입력해 주세요. 　 **등록**
✓ **인기순** 최신순

나는 옛날이야기는 어렸을 때나 듣는 유치한 건 줄 알았어.
그런데 복 이야기를 들으면서 아주 깊은 뜻이 있다는 걸 알게 됐어.

우리 담임선생님은 가끔 옛이야기를 들려주셔. 처음엔 야유를 보내던
아이들도 이제는 그 시간을 기다리지. 나도 그 시간이 제일 좋아.
그런데 이 이야기는 어디에 있는 거니? 처음 들어본다.

딴지양, 할머니가 들려준 이야기 덕분에 옛이야기에 백성들이 의지했다는
걸 알게 됐어요. 이야기 속에서 살아가는 방법을 넌지시 일러 주니
저절로 용기가 생겼을 거 같네요. 우리 아이들에게도 들려줘야겠어요.
그러면 교실이 좀 조용해지려나…….

정말 할머니처럼 읽어주면요!

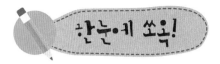

우리 조상들이 24절기를 따라 즐긴 놀이와 음식이야

24절기는 태양의 움직임에 따라 시간을 15일마다 나눈 거야. 계절을 촘촘하게 나누었기 때문에 언제 씨 뿌리고 거둬야 하는지 착착 잘 맞았어. 농사의 일정을 맞추는 데는 아주 훌륭한 기준이었단다. 좀 낯설고 어렵겠지만 그림과 함께 보여 줄게.
(정학유의 농가월령가, 김학수 화백의 농가월령도— 농업박물관 소장 참조)

정월령(양력 2월)		2월령(양력 3월)		3월령(양력 4월)	
입춘	우수	경칩	춘분	청명	곡우
날이 풀려서 한 해 농사를 준비하는 달이야. 낡은 초가지붕을 걷어내고 대문에 '입춘대길'을 붙이며 한 해가 좋은 기운으로 열리기를 바라지. 정월대보름에는 오곡밥에 묵은 나물, 부럼을 먹으며 액운을 몰아내고 연날리기, 널뛰기, 쥐불놀이를 하면서 이웃들과 한바탕 논단다. 이즈음엔 보리밟기도 하는데 꾹꾹 밟아 주어야 보리가 튼튼하게 잘 자라기 때문이야.		겨울잠 자던 개구리가 깨어나고 밤과 낮의 길이가 같아지지. 어머니는 장 담그고 아버지는 뒷간의 똥과 재를 섞어 거름을 만드느라 바쁘서. 꽃샘추위가 극성을 부려도 얼음이 녹은 들판에는 쟁기질하고 나물을 캐는 사람들이 많단다. 봄보리와 담배 모종, 꽃과 나무를 심고 가꾸며 무너진 담장도 고치고, 겨우내 더러워진 물길도 손봐야 하지.		봄이 무르익어 강남 갔던 제비가 돌아오는 삼짇날이면 마을 사람들은 화전놀이를 즐겨. 논밭을 갈아 씨앗을 뿌리며 한 해 농사를 시작하고 누에치기도 준비해. 한식에는 성묘를 하며 산소를 돌보지. 화창한 날이 이어져 나물에도 살이 올라 두릅, 고사리, 고비를 꺾기에도 딱이란다.	

4월령(양력 5월)		5월령(양력 6월)		6월령(양력 7월)	
입하	소만	망종	하지	소서	대서

맑은 날이 많아서 뻐꾸기와 꾀꼬리 울음소리가 시끄럽고 농사일과 누에 치는 일로 한창 바쁘지. 틈틈이 도랑도 치고 지붕도 손질하여 홍수에 대비하고, 삼베와 모시로 여름옷을 준비해.

사월 초파일에는 연등을 밝히는 아낙네들이 줄을 잇고 남자들은 냇가에서 물고기를 잡느라 분주하지. 아이들은 오디와 찔레나무 순을 따먹으며 들판을 휘젓고 다닌단다.

누렇게 익은 보리를 베어내고 모내기를 하며, 누에고치에서 실을 뽑아.

단오에는 창포물에 머리 감고 수리떡을 먹어. 여자들은 고운 옷 차려 입고 그네를 타지. 남자들은 씨름판을 벌여 아주 떠들썩하게 하루를 보내.

모내기 철이라 어머니는 보리밥 냉국에 상추쌈을 새참으로 내가고 아이들은 소를 돌보고 쇠꼴도 베느라 아주 바빠.

무더위가 한창인 데다 큰 비까지 내려 풀과 나무가 우거지니 파리와 모기떼가 극성이야.

김매기하는 아버지와 길쌈하는 어머니 얼굴에선 땀이 비오듯 쏟아지지만 세 번의 김매기를 해야 하고 콩, 조, 팥도 심어야 해.

몹시 더운 삼복, 유두 명절에는 참외와 수박을 따고 밀국수와 호박나물, 가지 김치에 풋고추 양념을 해서 오이랑 먹으면 꿀맛이 따로 없단다.

한눈에 쏘옥!

7월령(양력 8월)		8월령(양력 9월)		9월령(양력 10월)	
입추	처서	백로	추분	한로	상강

아침저녁으로 선선해지지. 견우직녀가 만나는 칠석날은 밀전병과 밀국수, 햇과일을 준비해서 장독대에 물 떠 놓고 집안의 평안을 빈단다.

백 가지 곡식을 조상님께 바치는 백중날에는 머슴과 일꾼들을 쉬게 하고 농악 춤판을 벌여 실컷 놀았어.

호미씻이로 여름 농사를 갈무리하지만 피를 뽑고, 목화밭도 살피며 김장할 무와 배추를 심어야 해. 박과 호박도 말리고 오이와 가지를 소금에 절여 겨울 반찬도 마련하지.

이슬이 내리고 기온이 내려가지만 햇볕이 강해 오곡백과가 여물어 가을걷이를 시작해. 목화송이를 거두고 고추를 따서 말리며 열매와 과일도 수확한단다.

명주를 염색하여 수의를 미리 준비하고 자녀 혼수도 장만하지.

추석날엔 햅쌀로 술을 빚고 송편을 만들어 토란국, 햇과일과 함께 조상님에게 올린 다음 농악과 줄다리기, 강강술래와 씨름판을 벌이며 신명나게 논단다.

찬 이슬이 맺히고 서리가 내려 온 산이 단풍으로 물들고 가을꽃들이 잔치를 벌이면 제비는 강남으로 가고 기러기떼는 돌아온단다.

노란 국화가 한창인 중양절에는 국화주에 국화전을 먹으며 가을을 즐기고 추수와 타작을 하며 면화를 틀어 옷감 짤 준비도 하지.

배춧국과 무나물이 제일 맛있을 때로 일 년 중 가장 먹거리가 풍성해서 소도 배불리 먹는단다. 하지만 보리 파종을 잊어선 안 되지.

10월령(양력 11월)		11월령(양력 12월)		12월령(양력 1월)	
입동	소설	대설	동지	소한	대한

나뭇잎 떨어지고 눈이 내리니 겨울을 준비해야지. 김장을 하고 남은 채소는 짚에 싸서 땅에 깊게 묻어 겨우내 먹는단다. 방고래에 불이 잘 들게 하고 바람벽엔 흙을, 종이문에는 창호지를 바르지. 땔나무를 차곡차곡 쌓아 놓고 추위를 견딜 옷도 준비해.

신이 내려온다는 강신날에는 마을 사람들이 모여 꿀단자와 메밀국수를 만들어 고기와 먹으며 풍년을 빌고 마을 일도 함께 의논한단다.

해는 짧고 밤은 무척 긴 한겨울이야. 어머니들은 베틀에서 긴긴밤을 길쌈으로 보내지. 세금 내고 식구들 옷을 마련하려면 겨울밤도 길지 않단다.

콩으로 메주를 쑤고, 동짓날에는 팥죽을 쑤어 먹으며 액막이를 하고 호박죽, 비빔밥을 해먹으며 겨울을 나지. 아이들은 공부를 하거나 놀고, 노인들은 돗자리를 짜거나 외양간 소에게 여물을 주며 지낸단다.

대한이 소한이 집에 놀러 왔다 얼어 죽을 만큼 추워. 사람들은 한 해를 무사히 보냈다고 묵은세배를 다니지.

무명과 명주로 새 옷을 만들고, 떡쌀과 술쌀을 내어 푸짐하게 음식을 장만하여 새해를 맞이할 준비를 한단다. 메밀쌀로 만두를 빚고 콩을 갈아 두부도 만들어. 북어, 꿩고기, 참새고기, 깨강정, 콩강정, 곶감, 대추, 생밤까지 정성을 다해 준비하지. 한겨울 얼음을 뚫어 물고기를 낚는 재미도 아주 쏠쏠하단다.

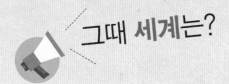
세계 아이들이 즐긴 놀이야

아주 오랜 옛날부터 아이들은 놀이를 즐겼어. 주변에서 쉽게 구할 수 있는 놀잇감으로 신나게 놀았지. 근데 몇 천 킬로미터나 떨어진 곳에서 살고 있는 아이들의 놀이는 아주 비슷해. 말판놀이, 꼬리잡기, 술래잡기, 연날리기, 팽이치기와 같은 놀이는 세계 어느 곳에나 있었거든. 이 놀이들은 옛날 옛날부터 우리나라에서도 즐겼던 놀이인데 지역마다 재료만 다르지 놀이 방법은 거의 비슷하더라. 참~~ 신기하지?

네덜란드 화가 브뤼겔의 '어린이 놀이들'이란 그림이야. 80여 가지의 놀이가 나오는데 굴렁쇠, 말타기, 팽이가 보여. 1500년대 그려진 그림이라는데 참 신기하지? 어떤 놀이들이 있는지 너희들도 찾아봐~.

아프리카 아이들은 나무막대기나 조약돌, 과일 열매를 이용하여 술래잡기, 나뭇잎 통과시키기, 보아 뱀 잡기 놀이를 했는데 동물에서 영감을 얻어 하는 놀이가 많았지. 그리고 부메랑은 원래 사냥 도구로 쓰였는데 아이들은 놀잇감으로 만들어 신나게 날렸단다.

야생마 사냥 놀이는 인디언들이 즐기던 놀이야. 2미터 길이의 긴 끈에 나뭇가지를 묶어 말꼬리라고 했어. 이것을 술래의 허리에 묶었는데 이 말꼬리를 밟으면 둘의 역할이 바뀌는 거야. 우리나라의 꼬리잡기와 비슷하지 않니?

펭귄 달리기는 파라과이의 놀이야. 길고 품이 넓은 바지를 입고 펭귄처럼 뛰는데 가장 재미있는 모습을 보여 준 친구가 이기는 거래. 생각만 해도 웃음이 절로 나는데!

콩주는 중국 아이들이 설날에 가지고 놀던 놀잇감이야. 대나무나 속이 빈 나무통을 연결해서 가운데를 잘록한 장구 모양처럼 만들었어. 이걸 끈으로 감아서 막대기를 잡고 이리저리 두 팔을 움직이면 콩주가 정말 빠르게 돌지. 너희들도 좋아하는 요요하고 비슷하지?

1455년 세조
왕권 강화

1469년 성종
조선의 기틀 완성

1485년
『경국대전』 시행

1506년
중종 반정

1543년
백운동 서원(소수 서원) 건립

1592년 임진왜란
7월 한산도 대첩
10월 진주 대첩

1593년
행주 대첩

1597년
정유재란

4장

왜적의 침략은 조선을 뒤흔들었어

나는 기별이라고 해. 조선 시대 내내 사람이 아니라
물건 취급을 당했던 노비지. 영감마님의 편지 심부름을 도맡았다고
이름도 기별이라고 불렀어. 예전엔 소식을 기별이라고 했거든.
늘 영감마님의 곁에 있었기 때문에 아는 것이 많아.
게다가 기억력도 아주 좋으니까 모르는 거 빼놓고
아는 건 죄다 말해 줄게. 그런데 내가 전하는 이야기는
돌이나 옥분이하고는 다르게 슬프고 기막힌 이야기가 많을 거야.

기별이가 들려주는 임진왜란 이야기

『호락호락 한국사』를 읽는 친구들, 안녕! 나는 조선의 노비인 기별이라고 해. 장영실 어른은 관가의 노비였지만 나는 양반가의 사노비야. 영감마님 곁에서 소식을 전하는 심부름을 도맡았는데 그건 내가 걸음이 아주 빠르기 때문이지. 그래서 소식을 전한다고 이름도 기별이가 되었어.

늘 영감마님 곁에서 심부름을 했기 때문에 나는 세상 돌아가는 이야기를 줄줄 꿰고 있었지. 내가 기억력이 아주 좋거든? 그래서 사람들은 내 소매를 잡아끌고 이런저런 이야기를 들으려고 했어. 그때는 해서는 안 될 말을 했다간 살아남기 어려워서 이야기를 가려 했지만 뭐, 이제는 모르는 이야기는 빼고 아는 이야기는 죄다 해 줄게.

그런데 내가 전하는 이야기는 조선이 안정이 되자 어떤 일들이 벌어졌는지 그리고 준비 안 된 전쟁으로 조선이 얼마나 큰 고통을 당했는지에 대한 거란다. 돌이나 옥분이의 이야기와는 달리 화가 나기도 하고 슬프기도 할 거야. 그건 너희들이 우리의 후손이기 때문이지. 자, 이제 이야기를 시작해 볼까?

다시 시작된 혼란

세종 임금이 돌아가시고 문종 임금 시대가 되었지만 병약했던 분이라 일찍 돌아가셨지. 하지만 세자 때부터 세종 임금 곁에서 훌륭한 일을 많이 하셨어. 사실은 측우기를 생각해 낸 분이 문종 임금이야. 이분이 오래 사셨다면 조선의 황금기가 더 오래 갔을지도 몰라.

그분의 아드님이신 단종 임금이 즉위했는데 12살의 어린 임금이라 나이 많은 신하들이 대신 정치를 했어. 그러자 세종 임금의 둘째 아드님인 수양대군은 신하들이 정치를 도맡아 하는 것을 못마땅하게 여겨 계유정난을 일으켰지. 어지러운 나라를 바로 세운 거라 했지만 수양대군은 형제를 죽이고 왕이 된 태종 이방원과 비슷한 점이 많았어.

조카인 단종을 내쫓고 2년 뒤 스스로 왕이 되자 반대하는 신하들도 있었어. 그 신하들을 **사육신**이라 하는데 단종의 왕위를 빼앗은 세

어지러운 나라를 바로잡은 거야.

성군이 될 기회를 왜 빼앗는 거요?

사육신

세조에게 왕위를 빼앗긴 단종을 복원하려다 발각되어 죽은 여섯 명의 신하를 말해. 이개, 하위지, 유성원, 유응부, 성삼문, 박팽년 이란다.

조에게 죽음으로 맞섰지. 하지만 세조를 임금으로 세우는 데 공이 많았던 신하들은 어마어마한 땅과 노비를 받았어. 이렇게 재산과 권력을 쥐게 된 신하들을 훈구파라 하는데 이들은 세조 임금과 더불어 왕권을 강화하고 막강한 권세를 누렸지.

삼촌에게 왕위를 빼앗기고 강원도 영월로 유배를 간 단종은 열일곱에 안타까운 죽음을 맞아야만 했어. 삼촌인 세조에게 성군이 될 기회를 빼앗긴 것도 기막혔을 텐데 목숨마저 내놓아야 했으니 얼마나 억울했을까?

법으로 다스리는 나라

조선이 세워진 지 100여 년, 성종 임금 때가 되자 조선은 다시 안정을 찾고 나라의 기틀이 확실하게 잡혔어. 세조 때부터 만들기 시작한 『경국대전』이 완성되었거든. 『경국대전』이 완성되었다는 것은 이제 조선은 모든 일을 법에 따라 다스리는 나라가 되었다는 뜻이야.

이 법전은 조선 시대 내내 나라를 다스리는 기본이 되었지. 그런데 신분에 따라 차별도 심하고 지나치게 엄격했어. 특히 우리 같은 노비들에겐 가혹한 부분이 있어서 억울하고 답답하기도 했지만 15세기 말에 법으로 다스리는 나라가 얼마나 되었겠니? 그

『경국대전』

경국은 나라를 다스린다는 뜻이고 대전은 중요한 법을 엮은 책이라는 뜻이지.

래서 15세기 조선은 문화가 발달하고 체계가 잘 잡힌 안정된 나라였다고 말할 수 있단다.

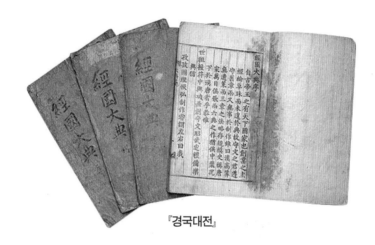
『경국대전』

- 땅과 집을 사거나 팔면 100일 이내에 관청에 보고해야 한다.
- 뇌물을 받은 관리는 곤장 80대를 치고 그 자손은 과거도 볼 수 없다.
- 뇌물을 준 사람은 곤장 100대에 300리 떨어진 외딴 곳으로 유배가야 한다.
- 공노비는 출산하기 전과 후에 80일을 쉴 수 있고 노비의 남편도 아내와 자식을 15일간 돌볼 수 있게 해 준다.(공노비) VS 노비를 사고팔 때는 관청에 신고해야 한다.(사노비)

신하들이 세운 임금

성종 임금은 세조를 왕으로 세웠던 훈구파들이 권력을 마음대로 휘두르는 것을 막기 위해 젊은 사림파들을 많이 등용했어. 사림파는 지방에서 성리학을 공부한 젊은 관리들로 바른말을 잘했지. 훈구파들은 바른 소리를 잘하는 사림파들을 불편해하고 못마땅하게 여겼지만 성종 임금이 워낙 양쪽의 균형을 잘 잡으셔서 큰 마찰은 없었어. 그래서 나라를 안정시키고 평화로운 시절을 이어갔는데 그만 정도전이 걱정했던 임금답지 못한 임금이 등장했지 뭐야? 오죽했으면 신하들의 손에 쫓겨났을까! 그 임금의 이름은 연산군이야.

성종의 아드님인 연산군은 처음엔 영민한 임금이란 소리를 들었어. 하지만 훈구파와 사림파 두 세력의 균형을 잘 잡았던 성종 임금과는 달리 신하들과 부딪치면서 왕권을 지나치게 휘둘렀지. 두 번이나 사화가 일어나 신하들이 많이 죽자 임금이 잘못을 저질러도 막아서는 신하가 없었대. 연산군은 궁궐에 있는 사람들에게 말조심을 하라는 신언패를 목에 걸고 다니게 했다더라. 그러니 목숨이 두려워 무슨 바른 소리를 했겠니?

사치와 향락을 좋아하는 임금은 궁궐 주변의 백성들 집까지 빼앗아 사냥터를 만들었어. 쫓겨난 백성들은 거리를 떠돌며 눈물을 흘리고 잘못된 정치에 수많은 백성들이 굶주렸지만 임금은 아랑곳하지 않았지. 보다 못한 사람들이 몰래 담벼락에 임금의 잘

사화
선비가 화를 당한다는 뜻이야. 고향에서 학문을 연구하던 사림파가 성종 때 조정에 나와 세조가 왕이 되도록 도운 훈구파들과 치열하게 다투며 네 번의 사화가 일어났지.

못을 한글로 적는 '벽서 사건'이 일어났단다.

그러자 임금은 귀 기울여 들을 생각은 않고 한글을 쓰지 못하게 했어. 나도 얼마 동안 안방마님의 편지를 시집가신 아씨께 전할 수가 없었어. 왜냐고? 그야 한글로 쓴 편지였기 때문이지. 흐이그~ 증조할아버지이신 세종 임금이 얼마나 통탄하셨을까?

사치와 향락에 젖어 제대로 된 정치도 못하고 백성을 괴롭히던 못난 임금은 결국 신하들에게 쫓겨나 세상을 뜨고 말았어. 그래서 다른 임금들처럼 조나 종으로 불리지 못하고 지위가 낮은 연산군으로 불리게 됐지.

연산군을 내쫓은 신하들은 성종의 둘째 아드님을 중종 임금으로 세웠어. 그 소식을 들은 백성들은 좋아라 하면서도 몹시 놀랐지. 늘 나라에서는 충과 효가 제일 중요하다고 했는데 신하가 임금을 내쫓는 불충을 저질렀으니까. 그런데 우리 영감마님은 임금도 잘못을 저지르면 바꿀 수 있는데 그건 하늘의 뜻이라 하시더라고.

하지만 중종 임금은 반정을 일으켜 자신을 왕으로 세운 신하들에게 꼼짝 못하셨나 봐. 함께 나랏일을 의논하다 신하들이 돌아갈 때면 일어서서 배웅까지 했다는 소문이 돌았거든. 백성들은 임금이 신하들에게 그런 예를 갖추시다니, 참 별일이라고 수군댔지.

하지만 반정을 일으킨 신하들이 죽자 중종 임금은 다시 왕권을 강화하려고 젊은 사림파인 조광조를 등용했어. 조광조는 임금은 덕으로 백성을 다스리고 백성은 서로 도우며 충과 효를 다하는 이상적인 나라가 되길 바랐지. 그래서 새로운 인재를 뽑고 개혁을 서둘렀는데 이제껏 권력을 누려 왔던 훈구파들이 가만히 있었겠어? 조광조가 역모를 꿈꾸고 있다고 고해바쳤지. '주초위왕'이라는 글자가 새겨진 나뭇잎이 그 증거라는데 그 글자는 조 씨 성을 가진 자가 왕이 된다는 뜻이었어.

그 말을 믿은 건지 임금은 조광조를 귀양 보냈다가 사약을 내리고

말았대. 조선에서 역모 죄는 가장 큰 죄였으니까! 권력을 쥐고 흔드는 훈구파가 미웠던 백성들은 귀한 분이 죽었다며 혀를 끌끌 찼지. 변화를 바라던 백성들의 바람이 무너졌지만 힘없는 백성들이 뭘 어쩌겠어…….

중종 임금이 돌아가시고 성군이 될 임금이 나오셨는데 그분이 인종 임금이셨지. 그런데 일 년도 못 되어 돌아가시고 12살 어린 나이의 명종 임금이 즉위하자 어머니인 문정왕후가 수렴청정을 했어. 수렴청정이란 임금이 어리면 어머니나 할머니가 임금 뒤에 발을 드리우고 신하들이 하는 말을 듣고 있다가 이런저런 도움을 주는 거야.

그런데 문정왕후와 왕후의 동생 윤원형이 명종 대신 권력을 잡으면서 또다시 사림파들이 화를 당하는 사화가 일어났고, 정치는 썩을 대로 썩어 백성들의 원망이 늘어만 갔어.

윤원형이 뇌물을 얼마나 챙겼던지 한양에 집이 수십 채나 되고 미처 먹지 못한 곳간의 음식 썩는 냄새로 코를 들고 다닐 수가 없을 지경이었대. 나라의 곳간보다 윤원형의 곳간이 더 클 것이란 이야기가 돌 정도였으니까.

지나친 세금과 부역에 배를 곯으며 고통스러워하는 백성들이 늘자 도적떼도 들끓었는데 그중에서 임꺽정은 의로운 도적으로 소문이 났어. 황해도와 평안도 그리고 경기도까지 주름잡으며 탐관오리의 집을 털었는데 3년 동안이나 잡히지 않았

> 나는 의로운 도적이라 백성들은 다 내편이라오, 으하하!

임꺽정

165

소수 서원
주세붕이 세운 최초의 서원으로 이황이 성리학을 꽃피운 곳이기도 해.(경북 영주시)

지. 그건 은근히 백성들이 임꺽정을 도와주었기 때문이야. 백성을 괴롭히는 탐관오리가 얼마나 미웠으면 도적 편을 들었겠냐? 그래서 올곧은 어느 관리는 나라의 잘못된 정치가 백성을 도적으로 만들고 있다고 한탄했단다.

훈구파들의 견제 때문에 이상적인 정치를 펼칠 수 없었던 사림파들은 네 번이나 큰 사화를 겪고 고향으로 내려가 서원을 세워 학문을 가르치는 일에 열중했어. 임금은 백운동 서원에 소수 서원이란 이름을 새로 지어 주고 책과 토지 그리고 노비까지 내려 격려했지. 그런데 세금과 부역까지 면제해 주자 여기저기에 서원이 들어섰어. 나중에는 너무 많아져서 나라에 부담을 주었지. 학자를 길러 내려는 좋은 뜻은 사라지고 백성들을 괴롭히는 곳이 되고 말았단다.

선조 임금

명종 임금의 뒤를 이은 선조 임금은 덕을 갖춘 분이라는 소문이 났어. 그리고 낡은 정치를 이끌던 훈구 세력이 다 사라져 사림들이 권력을 잡으니 새로운 정치가 펼쳐지리라는 기대도 아주 컸지. 그런데 사림들끼리 나랏일을 의논하며 의견이 갈리더니 동인과 서인으로 당이 나뉘었어.

우리 주인마님은 이걸 **붕당 정치**라고 하시며 나쁜 게 아니라고 하셨지. 나라를 운영하는 데는 여러 의견이 나와야 하는 거고 그중에서 가장 좋은 의견이 선택돼야 백성을 위한 정치가 이뤄진다고 하셨어.

그런데 점점 나라나 백성의 이익보다 자기가 속한 당의 이익을 먼저 생각하거나 다급한 일에도 다투기만 하는 것이 문제였지. 더군다나 전쟁이 일어날 것 같은 징조가 뚜렷했는데도 힘을 모아 전쟁에 대비하는 것이 아니라 다투기만 했거든. 이즈음엔 우리 주인마님도 걱정스럽다는 말씀을 자주 하셨어.

붕당 정치
서로 다른 스승 밑에서 공부를 해서 생각은 다르지만 진정 백성을 위한 정치가 무엇인지 의견을 견주는 합리적인 정치란다.

임진왜란

200년 동안의 평화는 커다란 전쟁이 없어 좋았지만 닥쳐올 불행을 미리 준비하지 못하는 위험도 도사리고 있었어. 고려 말과 조선 초기에 백성을 괴롭혔던 왜구 말고는 원만한 관계를 맺고 있던 일본이 사납게 변해갔는데, 그걸 눈치 채지 못하고 있었지. 아니, 문화국이라는 조선의 자부심이 너무 강해서 일본을 오랑캐의 나라로 무시하고 있었다는 게 더 맞을 거야. 우리 주인마님도 일본은 배울 게 없는 오랑캐이며, 오직 명나라와 조선만이 문화를 가진 나라라고 하셨거든.

하긴, 일본은 100여 년 동안 저희들끼리 싸우느라 정신이 없어서 그다지 경계할 일이 없었지. 그런데 도요토미 히데요시라는 자가 일본 전국을 통일하더니 아시아를 지배하겠다는 야망을 드러냈어. 중국을 정복하고 인도까지 가겠다고 큰소리를 치며 조선에게 길을 내달라고 했거든. 일본의 요구에서 전쟁의 기운이 느껴지자 조정에서는 일본의 상황을 알기 위해 사신을 보냈어.

그런데 도요토미 히데요시까지 만나고 온 두 사신의 의견은 정반대였어. 황윤길은 군대의 질서가 잡히고 도요토미 히데요시의 눈에서 광채가 나는 것으로 보아 전쟁이 일어날 것이라고 했어. 그러나 김성일은 기껏해야 동쪽 변방의 오랑캐일 뿐이라 전쟁 같은 건 일어나지 않을 것이라고 했지.

전쟁이 일어난다고 하면 백성들이 동요하고 나라가 어지러워질까 봐 그랬다더라. 하지만 황윤길과 같은 당이 아니라 다른 말을 한 것이 아닌가 하는 생각을 떨칠 순 없었어. 결국 얕보았던 일본이 쳐들어오자 주인마님은 임금 앞에서도 바른말을 하는 올곧은 사람이 왜 그런 잘못을 저질렀는지 모르겠다고 하셨지.

김성일은 일본군에 맞서 목숨을 바치며 싸웠지만 나는 정말 어리석은 사람이라는 생각이 들더라. 사실을 제대로 전하지 않은 대가가 너무 커서 미운 마음까지 일어났지.

그런데 무례한 말을 했다고 죽을지도 모르지만 이 이야기는 꼭 해야겠다! 두 사람의 다른 이야기를 들으며 전쟁이 일어나지 않을 거라고 믿은 선조 임금이 나는 더 어리석은 거 같아. 나라와 백성을 책임진 임금은 상황을 정확하게 판단하는 능력이 있어야 하는 거 아니냐? 그런데 일본이 여러 차례 경고도 하고 최후통첩을 보내오는 데도 김성일의 말만 믿고 아무런 준비도 안 하고 있었다니, 말이 되냐고!

일본은 100여 년 동안 저희들끼리 전투를 했기 때문에 전투력이 막강한 데다 수년 동안 간자를 보내 조선의 상황과 지세를 낱낱이 꿰고 있었어. 그러니 이제 무슨 일이 일어날지 불을 보듯 뻔하잖니?

1592년 4월 14일 부산진성

조선이 세워진 지 딱 200년 만인 1592년 4월 13일 해가 넘어갈 즈음 부산진성의 앞 바다를 700척이 넘는 일본 배가 에워쌌어. 처음엔 일본 배가 몰려오는 것을 보고 조공을 바치러 오는 줄 알았다는구나. 세상에나! 얼마나 준비 안 된 전쟁이었는지 알겠지?

15만 명이나 되는 일본군이 갑자기 덮쳐 와서 부산진성의 관군과 백성들은 죽을힘을 다해 싸웠지만 한나절도 못가서 무너지고 말았어. 일본군은 성을 무너뜨리는 데는 아주 귀신같은 자들이었거든.

부산 지역을 3일 만에 점령한 일본군은 거침없이 한양으로 돌

부산진순절도

진했어. 그런데 조정에서는 전쟁이 일어나고 나흘 만에야 그 사실을 알았단다. 나라를 지켜야 할 관리들은 대부분 걸음아, 날 살려라 도망가기에 바빠서 위급상황을 알리는 봉수도, 파발마도 제대로 올리지 않았거든.

신립 장군의 대참패

다급해진 조정은 부랴부랴 신립 장군을 내려보냈어. 그런데 제대로 된 군대가 없어서 여기저기 급히 모은 사람들을 이끌고 일본군을 막게 되었지. 신립 장군은 여진족을 무찔렀던 명장이라 들판에서 말을 활용하는 전투에 뛰어났대. 그 경험을 살려 들판에서 강을 등지고 일본군을 기다리고 있었지. 하지만 이 작전은 잘못된 작전이었어.

이 이야기를 하려면 정말 속상한데…… 잘 들어 봐. 일본군은 새밖에 넘을 수 없을 만큼 험난하다는 조령(경북 문경새재)에 당연히 조선군이 숨어 있을 거라고 생각했대. 그래서 주위를 살피며 한 발 한 발 넘었는데 매복군은커녕~ 조선군의 그림자도 없어서 고개를 쉽게 넘을 수 있었다는 거야.

그 고개를 다~ 넘어와서야 조선의 기마병과 맞닥뜨렸는데 마침 일본군을 돕기라도 하는 것처럼 비까지 추적추적 내렸어. 일본군은 속으로 이미 만세를 불렀을 거다. 왜냐고? 신립 장군이 싸움터로 정한 곳은 벌판이라기엔 좁은 논밭인 데다 비까지 내려 질척댔거든. 그러니 힘차게 달려야 할 말들이 질척한 땅에서 어찌 달릴 수 있었겠어?

조선군이 몹시 당황하자 일본의 잘 훈련받은 조총 부대는 정확하게 조선군을 쏘아댔지. 대수롭지 않게 보았던 조총의 위력에 조선군은 그만 겁에 질리고 말았어. 게다가 조선군보다 훨씬 많은 일본군이 양쪽에서 비바람처럼 몰아치는 바람에 조선군은 대참패를 당하고 말았단다…….

탄금대 전투

수천의 군사가 죽고 신립 장군마저도 강으로 뛰어들어 최후를 맞아야만 했지. 조령에 군사를 숨겨 두어 고개를 넘는 일본군을 미리 막아야 한다는 부하의 말을 무시한 이 작전의 결과는 너무나 참담했어.

선조 임금의 피난

신립 장군의 참패로 놀라 두려움에 빠진 조정은 서둘러 피난을 가기로 결정했어. 걸음아, 날 살려라 도망간 관리나 피난부터 가는 임금이나 뭐가 다른지 나는 모르겠다…….

비까지 몰아치던 깜깜한 밤, 피난길에 나선 임금의 행렬은 초라하다 못해 비참했대. 시중을 드는 무리가 도망가는 바람에 뒤를 따르는 신하들이 100명도 안 되었다나 봐. 백성과 궁궐을 버리고 임금이 떠나자 어버이처럼 임금을 섬겼던 백성들은 분노해서 관청에 불을 질렀어. 백성을 헌신짝처럼 버리고 가는 임금이 야속하고 또 야속했지.

20일 만에 한양에 들어선 일본군은 반듯반듯하고 아름다운 한양의 모습에 놀라워했고 백성들은 너무나 빨리 들이닥친 일본군에 깜짝 놀랐지. 마치 아무런 방해도 받지 않고 달리듯 올라온 거 같았으니까!

일본군이 한양까지 점령했다는 소식이 들리자 평양에 있던 선조 임금은 평양 백성과 함께하겠다던 약속마저 저버리고 다시 피난길에 올랐어. 백성들이 도끼와 방망이를 들고 막아서자 한밤중에 몰래 의주로 도망가 버리고 말았지.

한양을 점령한 지 불과 열흘 만에 평양과 함경도까지 차지한 일본은 자신감이 넘쳤어. 그들이 계획했던 대로 조선을 손아귀에 넣었거든. 그러자 의주까지 피난 간 임금은 명나라의 지원에 매달렸지. 한 나라의 운명을 다른 나라의 힘에 의지하려 들다니, 이를 어쩌냐? 이

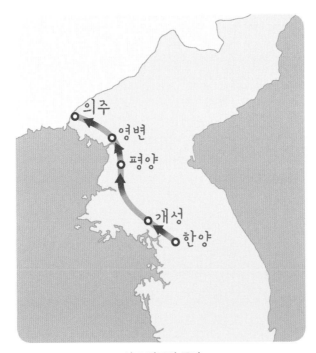

선조 임금의 몽진

제 명나라의 지원이 없으면 조선은 사라질 판국이었는데, 그때 하늘의 도움인 듯 승리의 소식이 들려왔어.

바다 지킴이, 이순신

조정은 안일하게 전쟁이 일어나지 않을 거라고 믿었지만 조용히 전쟁에 대비했던 사람들이 있었는데 그중에 이순신 장군이 있었지. 이분은 **전라좌수사**로 있으면서 전쟁 전부터 전라도 해안을 지키는 데 온 힘을 기울였기 때문에 일본의 수군이 서해를 타고 올라오려는 것을 막을 수 있었어. 일본군은 육지의 전투에서는 거칠 것 없이 밀고 올라왔지만 수군은 이순신 장군 때문에 뜻대로 되지 않았지. 육지로 밀고 올라오면서 남해와 서해까지 장악해 전쟁 물자를 실어 나르려 했는데 뜻밖의 방해꾼을 만나게 된 거야.

이순신 장군은 옥포에서 조선을 마음껏 약탈하던 일본군에게 크게 이겼는데 스물여섯 척의 배를 침몰시키고 4000여 명의 적들을 무찔렀어. 5월에 벌어진 이 옥포 해전은 조선에게 첫 승리를 안기며 일본을 당황스럽게 만들었지. 이순신 장군의 등장으로 일본은 전쟁의 계획을 다시 짜야 할 만큼 위기를 맞게 된 거란다.

그런데다 임진왜란의 3대첩으로 유명한 한산도 대첩은 공포에 떨던 백성들의 기를 확 살려 주었어! 우리 군은 달아나는 척하면서 일본군을 한산도 넓은 바다로 끌어낸 다음 마치 학이 날개를 편 것처럼 에워싸서 공격하는 학익진 전법을 펼쳤지. 그리고 송곳을 잔뜩 박은

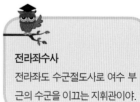

전라좌수사
전라좌도 수군절도사로 여수 부근의 수군을 이끄는 지휘관이야.

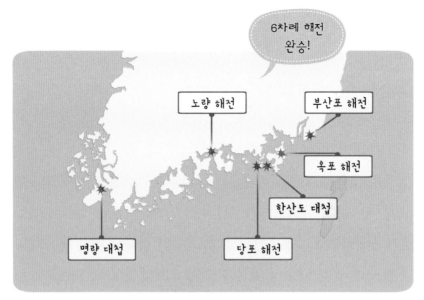

이순신 장군의 격전지

360도 회전하는 돌격선인 거북선은 일본군의 진영을 마구 휘젓고 다녀 두려움에 떨게 만들었어.

일본군은 우리 군의 우레 같은 포격에 무참하게 무너졌지. 쉰아홉 척의 배가 가라앉고 수천 명의 사상자가 나는 대참패를 당했단다. 우리는 어땠냐고? 우리 조선군의 배는 단 한 척도 가라앉지 않았어. 완전한 승리란 바로 이런 거야.

떨치고 일어나는 의병들

워낙 준비가 안 된 전쟁이라 처음엔 내리 지고 쫓기기만 했어. 그러나 수군의 승리로 일본군의 보급로를 막고 각지에서 의병이 일어나 관군과 함께 싸우자 상황은 달라지기 시작했어. 입만 열면 나라를 걱정하던 관리들은 눈썹이 휘날리게 도망가고 임금마저 백성을 버렸지만 올곧은 양반과 백성 그리고 승병은 나라를 지키겠다고 일어섰으니까!

아마 일본은 의병이 일어나리라고는 상상도 못했나 봐. 각 지역에서 의병이 떨치고 일어나자 당황하기 시작했거든. 저들은 한양을 점령하고 임금을 사로잡으면 전쟁이 끝나는 줄 알았는데 전투 경험도 없는 백성들이 악착같이 막아내자 주춤거리기 시작했지.

우리 주인마님도 의병으로 나섰는데 워낙 나이가 많으셔서 집안에서는 울고불고 난리가 아니었어. 그러자

"나라를 지키는 데 나이가 무슨 상관이 있단 말인가?"

하시며 시끄럽게 울 힘이 있거든 돌이라도 들어 왜놈을 죽이라 하시니 다들 조용해졌지.

환갑이 넘으신 주인마님은 벼슬도 안 하시고 글만 읽으셨는데도 세상일을 훤하게 꿰고 있는 분이셨어. 우리 같은 천한 노비에게도 늘 따뜻하게 대해 주셔서 존경스러웠지. 그런데 의병에도 나서시니 다들 감동하고 말았단다. 역시 우리 주인마님은 입으로만 인간의 도리를 조아리며 허세를 부리는 양반하고는 다르셨던 거야.

아드님들과 집안의 노비들이 따르려 하자 나이가 많은 노비나 어린 노비는 집안을 지키라 하셨어. 하지만 내가

"마님께서 나라를 지키는 데 나이가 무슨 상관이냐 하지 않으셨습니까요?"

하니 껄껄껄 웃으시며 허락하셨지.

이렇게 우리처럼 의병에 나선 사람들은 2만 명이 넘었어. 이 사람

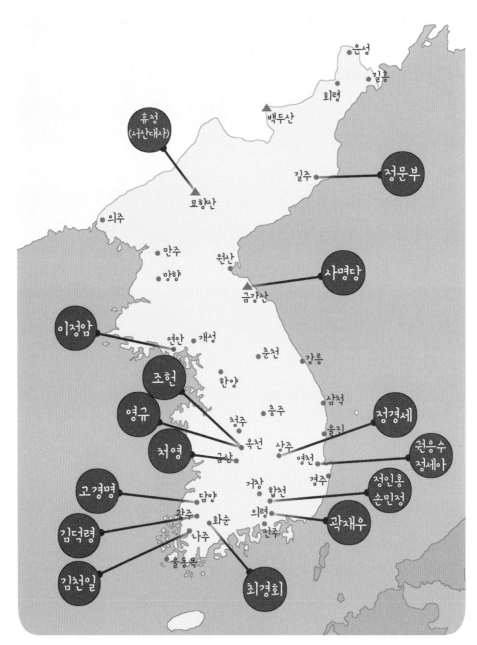

의병 활동 지도

들은 양반들처럼 나라의 은혜를 입은 사람들이 아니라 오히려 시달림을 당하던 사람들이었지. 농민과 노비와 승려들이 많았으니까. 이 의병들은 의병장의 지휘에 따르며 일본군에게 큰 위협이 되었어.

붉은 옷을 입고 의병을 지휘했던 홍의 장군 곽재우는 의병들이 무기도 제대로 갖추지 못하고 수도 많지 않으니까 도깨비 같은 전술을 부렸지. 일본군 앞에 갑자기 나타나 공격하다가 느닷없이 사라지지 질 않나, 횃불과 호각을 불며 동에 번쩍, 서에 번쩍하질 않나~ 아주 일본군의 혼을 쏙 빼놓았다니까!

그리고 김덕령 의병장은 바위도 번쩍번쩍 드는 힘이 센 분으로 어찌나 용감한지 백성들에게 믿음과 희망이 되어 주셨지. 김천일 의병장은 처절했던 진주성 전투에서 끝까지 백성들과 함께 하셨어. 금산에서는 조헌과 700명의 의병들이 나서서 충청도를 죽음으로 지키려 하셨고. 담양의 고경명 어른은 6000명의 의병을 모아 일본군에게 맞섰다가 장렬한 최후를 맞으셨지.

더 놀라운 건 스님들도 무기를 든 거였어. 나라와 백성을 구하는 것이 살상을 금하는 계율을 지키는 것보다 의미 있는 일이라며 사명대사와 서산대사 그리고 수많은 승병들이 전투에 나섰단다.

모두들 훌륭한 분들이지만 이분들 못지않게 이름을 불러주고픈 사람들이 있어. 변변한 무기도 없이 나라와 백성을 지키다 사라져 간 이름 없는 의병들이 더 많았다는 걸 너희들은 잊지 말아 줘……

1차 진주 대첩 기록화(사진 제공 – 전쟁기념관)

진주 대첩의 김시민

이순신 장군이 바다를 철통같이 지키자 일본군은 조선의 곡창 지대인 전라도 지역을 손에 넣으려고 진주성 공격에 나섰어. 바다가 막혀 군량미를 보급받지 못하니까 우리 곡식을 빼앗으려 한 거지. 그런데 3만의 일본군이 에워싼 진주성엔 관군과 백성을 다 합쳐 고작 3800명밖에 되지 않았어. 누가 봐도 진주성이 불리했는데 이곳에도 일찌감치 전쟁에 대비했던 김시민 장군이 있었어. 그리고 홍의 장군 곽재우는 진주성 주변에서 횃불과 호각을 불며 수많은 지원군이 있는 것처럼 일본군에게 위협을 가했지.

진주성을 빼앗기면 적군에게 식량을 내어주는 꼴이라 진주성의 관군과 백성은 한마음으로 싸웠어. 여자들도 남장을 하고 허수아비를 세워 어떻게든 군사가 많아 보이도록 애를 썼지. 그리고 전쟁 전부터 준비해 두었던 화약 무기들을 제때에 정확하게 날려서 적들이 성을 기어오르지 못하게 막았어. 끓는 물을 들이붓고 달군 쇠와 기왓장을 던지며 10배나 많은 군사를 막아냈단다.

그러자 일본군은 조선의 아이들을 잡아다 엄청난 군대가 몰려올 거라는 소리를 지르게 해서 겁을 주려 했지. 이에 맞서 김시민 장군은 한밤중에 구슬픈 피리 소리를 내게 했는데 가뜩이나 지고 있던 일본군에게 처량한 피리 소리는 싸울 힘마저 잃게 했다더라.

엿새나 집요한 공격을 해댔는 데도 진주성이 끄떡없자 1만의 사상자만 낸 일본군은 후퇴하기 시작했고 육지에서 처음으로 졌다는 소식을 들은 도요토미 히데요시는 불같이 화를 냈대. 쌤~통!

행주 대첩의 권율 장군

전쟁이 일어난 다음 해 명나라는 4만의 지원군을 보냈어. 왜냐하면 일본군이 명나라의 코앞까지 2개월 만에 올라왔기 때문에 위협을 느꼈던 거야. 그래서 조선군과 함께 조명 연합군을 만들어 신식 화포와 치밀한 전략으로 빼앗겼던 평양성을 되찾았지.

그리고 이어서 권율 장군은 1만의 병력을 모아 행주산성에서 일본군을 무찌를 준비를 하고 있었어. 평양성에서 크게 지고 후퇴하던

행주 대첩 기록화(사진 제공 – 전쟁기념관)

비격진천뢰

선조 때 화포장 이장손이 만든 폭탄인데 사방으로 터져 사상자가 많았지. 임진왜란 때 일본군이 가장 두려워했던 최첨단 무기야.

3만의 일본군은 치욕을 갚으려고 덤벼들었지. 하지만 행주산성에는 조선이 자랑하는 화포가 준비되어 있었어. 일본군이 공격해 올 때마다 화포를 쏘아대고 **비격진천뢰**라는 폭탄을 날려 수많은 일본군을 죽이면서 그들의 사기를 떨어뜨렸지.

우리 군은 화포와 화살이 다 떨어지고 부녀자들이 행주치마에 나르던 돌이 다 떨어질 때까지 맹렬하게 싸웠어.

일본군은 지휘하던 장수들마저 쓰러지고 병사들이 더 이상 싸울 수 없게 되자 꽁지 빠지게 도망갔지. 수많은 무기들을 내동댕이친 채 말이야. 이 전투는 부녀자들이 행주치마로 나른 돌 덕분에 승리했다는 뜻에서 행주 대첩이라고 부른다며?

일본은 강력한 수군과 의병 그리고 명나라의 지원으로 밀리기 시작하자 전쟁을 그만하자는 강화 협상의 뜻을 비쳤어. 인도까지 가겠다고 큰소리치더니 일 년도 못 되어서 손을 들겠다는 거였지. 남의 나라 전쟁에 오게 된 명나라군은 얼른 그 협상을 받아들이면서 일본군이 안전하게 후퇴할 수 있게 해 주었어.

우리는 조선을 쑥대밭으로 만든 일본군을 절대 그대로 보내고 싶지 않았지. 그리고 겉과 속이 다른 일본군이라 군대를 거두겠다는 그들의 말을 믿을 수가 없었어. 하지만 군사를 부릴 수 있는 권한이 명나라군에게 있었기 때문에 우리 마음대로 싸울 수도 없었단다. 치미는 울분을 참아야만 했지. 그런데 우리가 걱정했던 일이 결국 일어나고야 말았어.

6만의 진주성 영웅들

진주 대첩에서 처음으로 패배했던 치욕을 잊지 못한 도요토미 히데요시는 후퇴하면서 모인 10만의 일본군에게 진주성을 다시 공격하여 한 사람도 남기지 말고 죽이라는 명령을 내렸어. 그만큼 지난해의 진주 대첩이 치욕스러웠던 거야. 참 치사하고 무서운 자들이지?

1593년 7월 진주성에는 6만의 사람들이 모여 있었는데 관군과 의병은 기껏해야 6000명을 좀 넘었어. 주인마님과 의병에 나갔던 사람들도 다 그곳에 있었지. 나도 돌을 나르며 끝까지 싸울 것을 다짐하고 있었어.

도요토미 히데요시의 특명을 받은 일본군은 일주일 넘게 진주성을 집요하게 공격했지. 우리는 지원군도 없이 성 안의 기왓장이 다 떨어지고 물이 다 마를 때까지 싸우고 또 싸웠어.

적의 수가 너무 많아서 질 게 뻔하다며 조선군도, 명나라군도 오지 않았지. 하지만 우리는 진주성을 적에게 내어줄 수 없었어. 성벽을 헐고 새까맣게 몰려드는 일본군에게 죽을 때까지 맞서며 진주성 사람들은 끝내 항복하지 않았지. 적들의 칼에 죽은 사람들이 남강(진주성 옆을 흐르는 강)을 가득 메우며 떠내려가던 모습을 생각하면 지금도 눈물이 나와…….

승리는 무슨?
우린 절대
항복한 적 없어!

이토록 잔혹한 일을 하고서도 일본군은 승리의 잔치를 벌였다더라. 하지만 논개라는 누님이 일본군 장수를 껴안고 남강으로 뛰어들어 잔치판에 찬물을 확 끼얹었지. 적장이 빠져나가지 못하게 하려고 손가락마다 가락지를 꼈다는 소리에 또 눈물이 났어. 아마 잔치판이 초상집이 됐을 거다.

6만의 사람들이 희생된 이 전투는 임진

진주 대첩 2차전인 계사(1593)년에 의롭게 돌아가신 분을 위로하기 위해 세운 제단의 벽화란다.

진주임진대첩계사순의단 벽화(경남 진주시)

왜란 때 벌어진 가장 치열하고 처절한 전투였을 거야. 비록 처참한 최후를 맞았지만 빛나는 승리를 거뒀던 진주 대첩과 함께 숭고한 희생으로 기록되었다고 들었어. 그렇지만 너무나 많은 사람들이 한꺼번에 죽은 게 나는 정말 안타까워. 다들 도와주었다면 그런 비극은 일어나지 않았을지도 모르잖아…….

기적 같은 명량 대첩

짐작했던 대로 속임수를 잘 쓰는 일본군은 제 나라로 돌아가지 않고 남쪽으로 내려가 성을 쌓아 강화 협상을 벌이면서도 계속 싸움을

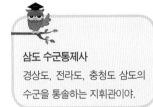

삼도 수군통제사

경상도, 전라도, 충청도 삼도의
수군을 통솔하는 지휘관이야.

걸어왔어. 지루하고 긴 전쟁에 기근마저 겹쳐서 백성들만 죽어 나갔지.

그런데 일본군의 무리한 요구로 강화 협상이 깨지자 1597년인 정유년에 또다시 일본군이 쳐들어왔어. 조선 수군의 힘을 경험한 일본군은 거짓 정보를 흘리며 조선을 혼란에 빠뜨리려고 했지.

일본의 간사한 계략에 넘어간 조정은 이순신 장군에게 나가 싸우라는 명령을 내렸어. 하지만 모든 것을 간파한 장군은 거짓 정보에 속을 수 없다고 했지.

이 일은 어명을 어긴 사건이 되고 말았어. 선조 임금은 이순신 장군을 **삼도 수군통제사**에서 물러나게 하고 감옥에 가두고 말았단다. 나라와 백성을 버리려 한 임금이 체면이 서지 않으니까 왕명을 어기면 임금을 우습게 보는 것이라 여겨 더 화를 내는 거 아니냐고 백성들은 수군댔지. 이순신 장군이 아니면 나라가 망한다는 것을 아는 용기 있는 관리들은 풀어 주기를 간청했어. 그러자 선조 임금은 못 이기는 척 장군을 풀어 주면서 아무 벼슬도 없는 졸병으로 전쟁터에 나가 싸우라고 했지. 장군은 아픈 몸을 이끌고 다시 전쟁터로 나갔어.

그동안 원균 장군이 삼도 수군통제사가 되어 칠천량 해전을 치르게 됐지. 그런데 거센 파도와 조류에 밀려 헤매다 일본군의 기습 공격을 받고는 대참패를 당하고 말았지 뭐야? 아마도 임진왜란 전투 중에서 가장 큰 패배였을 거야. 160여 척의 배가 침몰하고 1만의 사상자가 나오고 말았으니까. 이건 조선의 수군이 거의 전멸한 거나 마찬가지였어. 일본군은 남해를 제 안마당으로 삼아 임진왜란 때보다 더 악랄하게 백성들을 닥치는 대로 죽이고 물건을 약탈했어. 남원성에서는 1만의 백성들이 몰살당했다더구나. 목숨을 걸고 저항하는 백성들 때문에 저희들 계획이 어그러져 이토록 참혹한 보복을 한 거라더라.

정유재란으로 나라가 다시 위태로워지자 임금은 마지못해 이순신 장군을 삼도 수군통제사로 세웠지. 그러면서 원균의 패배로 거북선과 판옥선이 다 사라졌으니 수군을 아예 없애고 육지에서만 싸우라는 명령을 내렸어. 이때 장군은 아주 비장한 글을 올렸단다.

"신에게는 아직 12척의 배가 있사옵니다."

바다에서 적들을 막지 못하면 전쟁은 질 게 뻔했기 때문에 장군은 절대 수군을 포기할 수 없었던 거야. 그리고 그것을 몸소 보여 주었어.

1597년 9월 16일, 거센 물살이 울면서 돌아간다고 해서 울돌목이라 부르는 바다에서 전쟁사에 길이 남을 격렬한 전투가 벌어졌어.

우리 군의 배는 고작 **13척**인데 에워싸며 들어오는 적의 배는 330척! 우리 군사들은 얼굴이 하얗게 질려 감히 나서지 못했는데 이순신 장군이 지휘하는 배만 외로이 적선을 향해 화포를 쏘고 화살을 날렸단다.

죽기 살기로 싸워 적장을 죽이고 적의 기세도 꺾이자 겁에 질려 뒤로 물러나 있던 우리 배들이 들어와 적의 배들을 30척이나 부숴 버렸지.

하루에 네 번이나 바뀌는 거센 물살을 건널 수 없었던 일본군은 후퇴하고 말았어. 그 누구도 승리할

13척의 배
13척 가운데 12척은 조선군의 배였고 1척은 백성이 가지고 있었던 배였어. 그래서 이순신은 12척의 배가 있다고 한 거란다.

명량 대첩

것이라고 생각하지 못했는데 13척의 배로 330척을 물리치는 기적이
일어났던 거야. 이 승리를 명량 대첩이라고 하는데 명량은 울돌목을
한자로 말한 거란다.

긴 전쟁을 끝낸 노량 해전

정유재란을 일으켰던 일본군은 도요토미 히데요시가 죽자 물러나
기 시작했어. 적들은 명나라 장수에게 뇌물을 바치며 무사히 바다를

빠져나가려 했지만 그렇게 순순히 보낼 수는 없었지. 조선의 강토를
짓밟고 아무런 죄도 없는 백성을 무참히 죽이고 노예로 끌고 간 저들
을 장군은 도저히 용서할 수 없었던 거야!

그래서 명나라군과 힘을 합쳐 노량 앞바다에서 밤새 도망치는 적
선을 부수며 큰 승리를 앞에 두고 있었는데 그만 적의 총탄에 맞고
말았어. 그러나 이 사실이 알려지면 전투에 영향을 줄까 봐

"나의 죽음을 알리지 말라."

는 말씀을 하셨다지 뭐야……. 돌아가시는 순간까지도 나라와 백
성을 먼저 생각하신 거지.

전쟁이 끝난 뒤 이순신 장군의 죽음을 알게 된 우리 군사들은 물

노량 해전

론 명나라 군사들까지 목 놓아 울었어. 이 장렬한 죽음 앞에서 누군들 슬프지 않았을까!

노량 해전의 승리를 끝으로 지긋지긋했던 7년간의 전쟁은 끝이 났어. 하지만 전쟁이 남긴 상처는 너무나 컸지.

전쟁의 끝

임진왜란은 동아시아의 세 나라가 격돌했던 국제 전쟁이었어. 도요토미 히데요시의 허황된 야망으로 시작된 전쟁은 7년을 끌면서 세 나라의 상황을 바꾸어 버렸거든.

조선을 지원하느라 힘에 부쳤던 명나라는 얼마 못 가 여진족의 공격을 받아 나라가 아예 망해 버렸어. 일본은 도요토미 히데요시가 죽으면서 집안이 망하고 경쟁자였던 사람이 권력을 차지했지. 조선은 나라를 버리려던 임금을 명나라에게 도움을 요청하여 나라를 구했다며 다시 받들었어. 세 나라 중에서 가장 피해가 컸는데도 아무도 책임지는 사람이 없었지…….

농토는 폐허로 변하고 인구의 5분의 1이 죽었어. 일본군이 전공을 세우려고 코와 귀를 베어가느라 남녀노소를 가리지 않아 너무나 많은 사람들이 억울하게 죽었지. 이때 베어간 코와 귀로 도요토미 히데요시 사당에 무덤을 만들었는데 아직까지도 그대로 있다니 정말 비통하다.

어떻게 그렇게 무심할 수가 있어? 500년이 지났는데도 그 사람들은 고향으로 돌아오지 못하고 원수의 승전 기념물이 되어 있는 거 아니니?

이것만이 아니야. 10만이나 되는 수많은 사람들이 일본으로 끌려 갔단다. 특히 어린아이와 여자가 많았던 건 끌고 가기 쉬웠기 때문이야. 목을 묶어 짐승처럼 노예로 팔아넘겼다는데 일본 사람조차도 끔찍해서 눈뜨고 보기 어려웠다더라…….

그런데 일본의 노예로만 팔린 게 아니라 동남아시아, 유럽으로도 가장 싼 값에 팔려가 죽어서도 고향에 돌아올 수 없었지. 끌려간 사람들 중에서 6~7천 명 정도밖에 돌아오지 못했어. 그러나 돌아와서도 가족이 없어서 노비가 되거나 비참하게 살았다니, 전쟁의 고통과

희생은 백성이 다 치른 거 아니냐…….

끌려간 사람들 중에는 학자와 기술자가 많았는데 저들의 문화를 발전시키는 데 큰 몫을 했단다. 도공은 일본의 변변찮았던 도자기를 세계적인 명품으로 끌어올려 도자기 강국으로 만들어 주었지. 인쇄공은 출판문화를 발전시키고 학자들은 성리학을 전해 주었어. 그리고 저들이 빼앗아간 문화재는 또 얼마나 되는지 헤아릴 수가 없을 정도란다. 일본은 전쟁을 통해 어마어마한 우리 조선의 문화를 빼앗아간 거야. 그래서 그들은 임진왜란을 도자기 전쟁이나 문화 전쟁이라 부른다는데 정말 기가 막히구나. 남의 나라를 7년 동안이나 짓밟은 전쟁을 이렇게 가볍게 부른다니 전혀 죄책감을 못 느낀다는 거잖아?

의병으로 나갔던 우리 주인마님과 아드님들 그리고 노비들까지 진주성 전투에서 다 돌아가셨어. 나는 주인마님 덕분에 목숨을 건졌지. 진주성 마지막 전투가 벌어지기 전 아직 어렸던 나를 주인마님은 집안을 지키는 사람도 있어야 한다며 돌려보내셨거든. 반드시 살아남으라고 손을 꽉 잡아 주시던 주인마님을 나는 잊을 수가 없어…….

울면서 이 소식을 전하는 나에게 안방마님은 장한 일을 하신 것이니 울지 말라고 하셨지. 그리고 해마다 제사를 지내셨는데 어르신들만 모시는 게 아니라 함께 죽은 노비들까지도 제사를 지내 주셨어.

주변에선 양반이 어찌 노비의 제사를 지낼 수 있냐며 말들이 많았지. 하지만 우리 안방마님은 나라를 지킨 영웅을 모시는 데 귀함과 천함을 따진다는 것은 인간의 도리가 아니라고 못을 박으셨어. 인간의 도리라는 말에 깐깐한 문중 어른들도 헛기침만 하셨지.

일본군이 쓸고 지나간 우리 마을 아니 우리 강토는 도대체 어디서 부터 다시 시작해야 할지 모를 정도로 처참한 피해를 입었어. 집안의 남자들이 거의 다 돌아가시고 철부지 도련님들만 남은 집안엔 이제 웃음기라곤 찾아볼 수가 없었지.

그러나 반드시 살아남아야 한다던 우리 주인마님의 말씀을 생각하면 슬픔에 잠겨 있을 수만은 없었어. 주인마님이 죽음으로 나라를 지키셨다면 나는 살아서 집안과 나라를 지키라는 말씀이니까!

아자, 아자, 용기를 내자!

"누렁아~~ 밭 갈러 가자!"

누렁아, 힘내!

음머어~.

저자가 직접 강의하는 호락호락 한국사 4장
왼쪽의 QR코드를 찍어서 저자의 강의를 들어 보세요!
만약 QR코드가 안 될 경우에는 아래 링크로 들어오세요.
https://blog.naver.com/damnb0401/221250089562

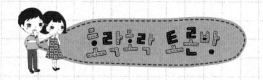

토론 주제: 선조의 몽진은 잘한 일일까?

토론자: 그럴군 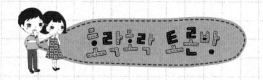 과 딴지양 , 기별 ,

이항복 , 류성룡 , 김덕령

홀쩍, 홀쩍, 후울쩍……

야, 딴지양! 너 왜 그래? 우는 거야?

사람들이 너무 많이 죽었어.

어, 무슨 일이 있었는데? 난 그런 뉴스 못 들었는데?

임진왜란 때 말이야.

헐…… 난 또 뭐라고? 야, 그건 400년도 넘은 이야기잖아.

난 그렇게 많은 사람들이 죽었는지 몰랐어. 그냥 임진년에 일본이 쳐들어와서 우리 도공들을 끌고 간 문화 전쟁인줄 알았단 말이야. 그리고 이순신 장군이 엄청 혼을 내준 통쾌한 전쟁인줄만 알았는데 나라가 망할 뻔했다잖아.

그러게 말이야. 나도 그 정도인 줄은 몰랐다.

그런데 몽진이 뭐야? 무슨 뜻인지나 알아야 토론을 하지.

몽진이란 머리에 먼지를 뒤집어쓴다는 뜻으로 임금이 난리를 피하여 안전한 곳으로 옮겨 가신 거란다.

에이, 도망간다는 얘길 어렵게 한 거네요. 아~ 그런데 누구신지…….

임진왜란 때 영의정을 지낸 류성룡이라면 아는지 모르겠구나.

아, 아! 알아요. 신의 한 수를 두신 분이죠?

신의 한 수라니 그게 무슨 말이냐?

신의 한 수란 완벽한 신이 두는 최고의 수란 뜻으로 그만큼 적절하고 훌륭한 판단을 하신 거란 뜻이죠. 이순신 장군을 전라좌수사로 임명하라고 선조 임금을 설득하셨잖아요? 그래서 나라가 망하지 않은 거라고 류성룡 아저씨의 천거를 신의 한 수라고 하던 걸요?

허허허. 그런 뜻이라면 아주 기분이 좋아지는구나. 종6품 정읍 현감을 정3품 전라좌수사로 임명하자니 다들 펄쩍 뛰었지. 무려 7단계나 건너뛴 것이었거든. 이순신의 능력을 모르는 사람이라면 펄쩍 뛸 만도 했다.

그런데요, 인재를 알아보는 능력을 지닌 영의정에 백전백승인 이순신 장군이 있었는데 왜 선조 임금은 도망을 간 거죠?

어허, 무엄하다. 감히 임금에게 도망이라니? 몽진이라 해야 한다. 그런데 내가 누구인지 궁금하겠지? 나는 너희들에게 개구쟁이로 소문난 이항복이다. 우리 임금도 몽진 중에 많은 고초를 겪으셨으니 이해 좀 해다오. 내가 직접 모시고 다녀서 잘 알고 있단다.

오성과 한음의 그 이항복 아저씨? 하지만 선조 임금은 나라와 백성을 책임져야 하는 왕이잖아요? 그런데 임금을 하늘처럼 받드는 백성을 다 버리고 의주까지 도망가다니 정말 비겁해요. 게다가 탐탁지 않게 여기던 광해군을 갑자기 세자로 세우며 적진에 남아 백성들과 함께 싸우라고 했다면서요? 무슨 아버지가 어린 아들을 적진에 버리고 간대요? 어이구~ 기가 막혀라~.

애야, 조선은 너희가 사는 세상하고는 다르단다. 네가 말한 것처럼 임금은 하늘이시니 적에게 사로잡히면 어찌 되겠느냐? 하늘이 사라지면 세상이 어찌 되겠느냐?

다른 임금을 세우면 되잖아요? 연산군도 잘못을 저지르니까 신하들이 내쫓고 중종 임금을 세우던 걸요? 아, 백성과 함께 싸우는 광해군을 왕으로 세우면 되겠네요!

어허, 아주 큰일 날 소리를 하는구나. 전쟁 중에 그런 일이 벌어졌다면 아마 조선은 망하고 말았을 것이다. 그랬다면 간악한 오랑캐의 세상이 되었을지도 모른단 말이다!

대감! 의병장, 김덕령 한 말씀 드리겠습니다. 조선은 임금이 바뀌었다고 그리 쉽게 무너질 나라가 아닙니다. 임금은 나라를 버렸는데도 백성들은 의병이 되어 싸웠고 이순신, 김시민, 권율 같은 용맹한 장수가 적들을 크게 물리치지 않았습니까?
만약 임금이 한양을 굳게 지키고 백성을 도왔다면 우리 힘으로 저들을 물러가게 할 수 있었을 것입니다.

어허, 자네는 이 어린아이의 말이 옳다는 것인가? 그러니 역적 누명을 쓰고 억울하게 죽은 거 아닌가 말일세.

누가요? 김덕령 아저씨가 역적 누명을 쓰고 죽었다고요? 백성들이 그토록 믿고 따랐다던데요?

그랬지. 나라를 위해 의병을 일으키고 백성들이 믿고 따랐다는 것이 죄가 될 줄은 몰랐다.

무슨 소린지 도무지 모르겠어요.

우리 임금은 명종 임금에게 아드님이 있었다면 임금이 되실 수 없는 분이라 누가 임금의 자리를 넘보지는 않을까 늘 마음을 졸이셨지. 게다가 한양을 버리고 의주까지 몽진하여 백성의 믿음을 잃으니 백성이 믿고 따르는 사람들을 좋게 보실 수 없었던 거 같구나.

뭐라고요? 그래서 백성들에게 인기가 많았던 김덕령 의병장을 역적으로 몰아 죽인 거예요?

아휴, 무슨 임금이 그래요? 신하가 백성의 사랑을 받으니까 샘이 나서 죽인 거네? 그렇게 샘이 나면 좀 잘 하시던가요. 상을 줘야 될 사람에게 죽음을 내리다니 점점 더 선조 임금이 미워져요.

어허, 류성룡 대감! 철부지 아이들에게 임금의 흉을 보시다니요? 우리 임금도 나라를 구하기 위해 무진 애를 쓰지 않았습니까? 명나라에게 구원 요청을 해서 조선을 다시 세우신 분을 그렇게 말씀하시면 안 되지요.

어르신들 말씀하시는데 끼어들어서 죄송합니다. 저는 4장의 이야기꾼인 기별이라고 하는데요, 임금이 조선을 다시 세웠다는 것은 너무 염치없는 말씀 아닙니까? 선조 임금은 나라와 백성을 버린 임금입니다. 남겨진 백성들은 적들의 총칼에 죽고, 굶주리다 죽고, 질병으로 죽어 나갔습니다. 목숨을 걸고 적들을 막아내고 전쟁이 끝난 뒤엔 황폐한 땅을 다시 일궈 사람 사는 세상을 만든 건 임금이 아니라 백성들이란 말입니다, 아무렴요!

그래요, 오성 대감! 기별이의 말이 맞습니다. 임금은 한양을 버리고, 평양을 버리고 의주까지 가시더니 명나라로 망명하겠다 하시지 않았습니까? 압록강을 넘으면 백성을 다시 보실 수 없을 거라 말리니 그제야 진정하셨지요. 임금은 명나라의 구원만을 바라며 애를 태우셨지 위기를 극복할 어떤 대책도 내놓질 못하지 않으셨습니까?

그건 그래요. 뭐, 저도 우리 임금이 성군이었다고는 말 못하지요. 하지만 명나라의 은혜를 크게 입은 건 사실이잖습니까? 그때문에 조선이 살아남은 거고요.

명나라가 우릴 구원하러 왔겠습니까? 명나라는 일본이 2개월 만에 조선을 정복하자 두려움을 느껴서 지원군을 보낸 것이지요. 그리고 명나라는 조선이 무슨 피해를 입고 어찌 되든 관심이 없었어요. 그저 전쟁만 멈춘다면 일본군이 안전하게 빠져나갈 수 있도록 길을 열어주지 않았습니까? 백성들이 굶주리며 내어준 우리 군량미를 먹으면서도 말입니다.

군량미를 마련하느라 대감이 정말 애 많이 쓰셨지요. 어찌 보면 그때 조선의 전시 사령관은 임금이 아니라 류성룡 대감이 아니었나 싶습니다.

정말 그랬습니다. 그러니 대감도 7년간의 전쟁이 끝났을 땐 무사하지 못하셨지요.

헉, 어찌 됐는데요?

삭탈관직 당하고 고향으로 내려가 전쟁을 잊지 말라는『징비록』을 쓰셨지.

삭탈…… 뭐라고 하셨죠?

삭탈관직! 벼슬자리에서 물러났을 뿐만 아니라 관직에 있었다는 기록도 싹 다 지워지는 거란다.

진짜 너무 하네~.

그뿐만이 아니란다. 오로지 명나라 군대의 공로만 추켜올리셨지. 우리 군과 장수들은 명나라 군대의 뒤만 쫓아다녔고 단 한 번도 적장을 죽이거나 적을 무너뜨리지 못했다고 깎아 내리셨어. 권율, 원균, 이순신 장군이 약간 두드러질 뿐이라고 하셨지. 오죽했으면 이순신 장군도 충무공이라는 시호를 45년이나 지나서 받았을까?

아, 도대체 왜 그런 거예요? 선조 임금은 어느 나라 임금인지도 헷갈려요. 능력도 없는 왕이 시기심만 크다니 최악이에요.

장수가 제 나라를 지키는 것은 당연하다는 거였지. 그리고 명나라의 지원을 받아 조선이 다시 세워진 거라고 해야 명나라의 지원을 간청한 임금의 위신이 서기 때문이었어. 그래야 위기에서 나라를 구한 건 선조 임금이 되는 거 아니겠냐?

그럼, 도망을 간 것도 조선을 구한 거라고 우기겠네요? 흥, 가장 큰 영웅은 선조란 이야기네.

나라를 지키다 죽은 사람들이 진짜 영웅 아닌가요? 어떻게 나라와 백성을 버린 임금이 다시 돌아와 호령을 하고 공신을 가리는 일을 할 수 있단 말입니까? 어이가 없습니다.

더 어이없는 일은 임금을 모셨던 사람들의 공로가 더 크다고 한 것일세. 싸우다 죽은 사람보다 임금 곁에서 살아남은 사람들이 더 많은 상을 받았지.

헐~ 이럴 수가! 너무 기가 막혀서 이젠 말도 안 나오네요.

그렇게 비꼬지 말거라. 임금은 임금으로서 할 일을 하신 거란다. 임금이 한양을 지키다 돌아가셨다면 그것이 더 큰 일이 됐을 거다. 임금이 있어야 나라가 있고 백성이 있는 것 아니겠느냐? 의병이 일어났던 것도 다 임금이 살아 계셨기 때문이고 명나라의 구원군도 왔던 것이지.

그렇긴 하네요. 조선은 왕조 국가니까요. 임금이 돌아가시면 다 끝나는 거니까…….

야~ 그렇군! 너 또 그 긍정 병이 도진 거니?

"아, 네~ 그렇군요"

하면서 제 의견도 없이 휘둘리는 거!

야! 너 무슨 말을 그렇게 하냐? 넌 어느 시대건 그 시대를 그대로 받아들이지 못하고 지금 우리가 사는 세상하고 착각하는 거 같더라? 그것도 문제야. 그 시대의 문제는 그 시대의 상황을 살펴보고 이야기해야 하는 것이라고!

그래, 내가 좀 헷갈리기는 하지만 아닌 건 아닌 거야. 그리고 내가 시대에 안 맞는 이야기를 한 것도 아니야. 임금은 어버이처럼 백성을 보살펴야 하고 임금답지 못하면 바꿀 수도 있다고 한 건 조선을 세운 성리학자들이 한 말이라고! 어느 어버이가 전쟁이 났는데 자식을 버리고 저만 살겠다고 도망가냐?

도망가야 나라와 백성을 살릴 수 있다면 그렇게 하는 게 옳지!

어허, 얘들아, 그만하거라. 어전 회의 때보다 더 시끄럽구나.

1592년의 일이 아직도 이렇게 큰 이야깃거리라니 부끄럽기도 하다만 부디 우리를 거울로 삼아 너희들은 잘못을 저지르지 않았으면 한다. 여러분, 어서들 돌아가시지요. 부끄러워서 더 이상 있을 수가 없습니다.

예, 예. 빨리 가시지요. 그렇군과 딴지양의 말씨름이 왜놈의 조총 소리보다 더 따갑습니다.

???

임금의 몽진

　나도 선조가 못난 임금이라고 생각한다. 그런데 선조가 한양을 지키다 일본군에게 죽었다면 조선에선 더 큰 일이 벌어졌을 거다. 나라가 망하고 백성들은 더 고통스런 일을 당했을 테니까. 어쩌면 그때부터 일본에게 나라를 빼앗겼을지도 모른다.

　임금이 살아 있어야 의병도 일어나고 명나라의 지원군도 오는 것이

지원군을
보내주오……

지, 조선이 사라지면 다 끝나는 거다. 일본은 임금이 항복하면 전쟁은 끝나는 거라고 생각하는 사람들이라 더더욱 임금이 사로잡히면 안 되는 거였다.

선조가 한 모든 일은 밉지만 몽진을 한 것은 그나마 잘한 일이다. 종묘와 사직을 지키겠다고 괜한 용기를 냈다가 나라가 아예 망했다면 어쩔 뻔했을까? 선조가 한 일로 보아 그런 용기를 낼 걱정은 하지 않아도 되었겠지만 말이다.

댓글 3개   댓글을 입력해 주세요.   등록
                                        ✓ 인기순 최신순

난 늘 그럴군 편이었어. 그런데 이번만은 아니다. 못난 임금 대신 전쟁터를 돌아다니며 일본에게 맞서라고 했던 광해군이 있었잖아. 차라리 선조가 죽고 광해군이 임금이 되었다면 오히려 전쟁이 빨리 끝났을지도 모르잖아?

그렇지, 그렇게 하면 됐을걸! 나도 그럴군의 생각엔 동의할 수 없어. 광해군이 선조 보다 훨씬 용감하니까 임금 노릇을 더 잘했을 거야. 진짜로 나라를 다시 세운 임금이니 쫓겨날 일도 없었을 거고. 그럼 병자호란도 없고, 일제 강점기도 없고…….

역사는 그 시대의 상황을 잘 살피고 시대와 시대를 비교하는 것이지 무조건 지금과 비교하는 건 잘못된 것이라는 말을 제때 아주 잘 써먹은 우리 아들, 네가 참 자랑스럽다! 비록 몽진이 잘한 일이라는 아들의 말에 동의하는 건 아니지만 말이다.

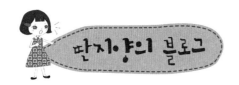

몽진은 너무해

선조의 몽진이 옳다니 이건 말도 안 된다. 몽진을 하지 않다가 임금이 죽으면 나라가 망한다는 말도 이해할 수 없다. 차라리 선조가 한양을 지키다 죽었다면 백성들이 더 많이 들고 일어났을 거다. 왜? 왕조 국가니까! 하늘 같은 어버이가 일본군의 손에 돌아가셨는데 자식이 가만히 있었을 리가 없다. 백성들이 벌떼같이 일어나 덤벼드는데 일본군이 20만이라 해도 별 수 없었을 것이다. 그랬다면 명나라군의 지원 없이도 일본군을 내쫓고 7년 동안이나 전쟁을 질질 끄는 일도 없었을 거다.

임금이 판단을 잘못해서 전쟁 준비도 않고 있다가 나라와 백성을 위험하게 했으니 당연히 죽음으로 갚아야 했다. 선조가 몽진을 하지 않고 장렬한 전사를 했다면 역사에 길이 남는 임금이 됐을 거다. 그랬다면 전쟁이 났을 때마다 임금이 도망가는 비겁한 역사가 되풀이되지 않았을 텐데…….

나라와 백성을 버린 임금은 임금도 아니다!

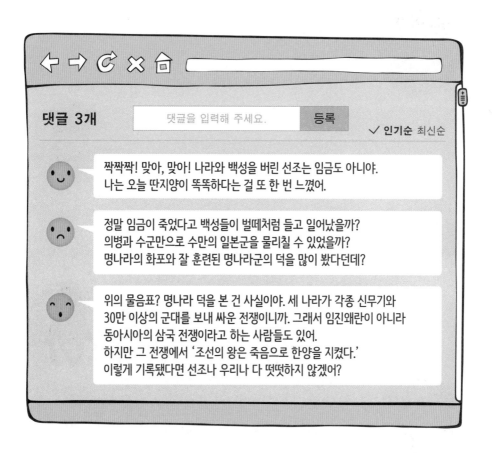

댓글 3개 　댓글을 입력해 주세요.　 등록

✓ 인기순 최신순

짝짝짝! 맞아, 맞아! 나라와 백성을 버린 선조는 임금도 아니야.
나는 오늘 딴지양이 똑똑하다는 걸 또 한 번 느꼈어.

정말 임금이 죽었다고 백성들이 벌떼처럼 들고 일어났을까?
의병과 수군만으로 수만의 일본군을 물리칠 수 있었을까?
명나라의 화포와 잘 훈련된 명나라군의 덕을 많이 봤다던데?

위의 물음표? 명나라 덕을 본 건 사실이야. 세 나라가 각종 신무기와
30만 이상의 군대를 보내 싸운 전쟁이니까. 그래서 임진왜란이 아니라
동아시아의 삼국 전쟁이라고 하는 사람들도 있어.
하지만 그 전쟁에서 '조선의 왕은 죽음으로 한양을 지켰다.'
이렇게 기록됐다면 선조나 우리나 다 떳떳하지 않겠어?

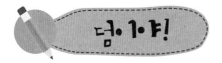

16세기를 빛낸 인물들

16세기 조선에는 뛰어난 인물들이 많았어. 성리학을 깊이 연구한 학자들, 시와 그림에서 재능을 펼친 여인들 그리고 의학과 과학에서도 눈에 띄는 업적을 낸 인물들이 있었지. 아는 사람이 몇이나 되는지 세어 보렴!

■ 16세기 대표적인 성리학자들

조광조(1482~1519) 곧은 선비 하면 조광조야. 중종의 개혁 정치를 이끌며 도학 정치를 강조하다 훈구파들에게 '주초위왕' 사건으로 모함을 당해 죽었지.

서경덕(1489~1546) 평생 스승도 없이 혼자 공부하고 깨달으며 벼슬 길에도 나가지 않았어. 그런데도 제자들이 많았는데 『토정비결』을 쓴 이지함과 기생 황진이도 제자였대.

조식(1501~1572) 벼슬에 뜻을 두지 않고 학문을 연구하며 제자를 길렀어. 성인의 뜻을 아는 것보다 실천하는 것이 더 중요하다고 가르쳤대. 임진왜란 때 곽재우, 정인홍 같은 제자들이 의병장이 되어 큰 활약을 펼쳤단다.

이황(1501~1570) 성리학을 깊게 연구한 대학자로 바른 정치를 하며 바른 삶을 살고자 했단다. 어릴 땐 개구쟁이였는데 한 번 공부를 시작하면 밖에서 천둥번개가 쳐도 몰랐다더라.

이이(1536~1584) 신사임당의 아들이야. 백성들이 편안한 게 바른 정치라 생각하고 현실에 참여해 잘못을 바로잡으려 했어. 임진왜란 전에 십만 군대를 길러야 한다고 했는데 받아들여지지 않았지.

■ 뛰어난 여인들

황진이(?) 춤과 노래와 거문고에 뛰어난 기생이었는데 시까지 잘 썼단다. 서경덕을 스승으로 모시고 학문을 배우기도 했다던걸?

신사임당(1504~1551) 효성스러운 딸, 어진 아내, 현명한 어머니 신사임당은 화가로도 유명하지. 벌레와 꽃을 그린 초충도는 소박한 아름다움이 있어 지금까지도 사랑받는 작품이란다. 신사임당은 아들 이이와 함께 처음으로 지폐에 실린 유일한 여성이야.

허난설헌(1563~1589) 어릴 때부터 멋진 시를 지은 천재 시인으로 중국과 일본까지 이름을 날렸단다. 하지만 여자라서 재능을 다 펼치지 못했고 아이들까지 잃는 슬픔으로 27살에 세상을 뜨고 말았지.

■ 시대를 뛰어넘는 천재들

허준(1539~1615) 우리와 중국의 전통 의학을 모아 『동의보감』을 완성했어. 철저한 실험을 거쳐 치료와 복용 기준을 마련했지. 지금까지도 한의대에서 교과서로 쓰인단다.

정평구(1566~1624) 발명가인 정평구는 비거를 만들어 임진왜란 때 고립된 성주를 구하고 긴급한 연락을 주고받을 수 있게 했대. 비거는 따오기 모양의 날개에 가죽으로 만들어 사람을 태우고 날았다는데 기록이 남지 않아 복원할 수가 없어. 참 안타깝지?

허균(1569~1618) 허난설헌의 아우로 『홍길동전』을 지었지. 천하에 가장 두려운 것은 백성이며 신분에 관계없이 인재를 고루 등용해야 한다고 주장하다 반역자로 처형되었어. 시대를 앞선 생각이 화를 불러일으켰나 봐.

임진왜란 때 맞섰던 조선과 왜군의 배를 견주어 볼까?

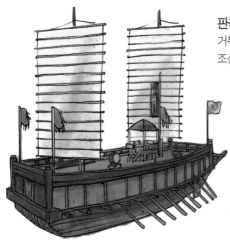

판옥선

거북선과 함께 임진왜란 때 엄청난 규모의 왜선을 물리친 조선의 배인데 갑판에 집을 올려 놓아 판옥선이라 했어. 1층에선 노꾼들이 열심히 노를 저어 배를 움직이고 2층에선 병사들이 전투를 벌였지.

소나무로 만들어 튼튼한 데다 갑판이 넓어 포를 쏘기 좋았어. 멀리 있는 적의 배에 포를 쏘는 것은 조선 수군의 장기였거든. 배 앞부분은 둥글고 돛대가 2개라 빠르게 회전하고 역풍을 타고 앞으로 나아갈 수도 있었어. 갑판은 높아서 적군이 올라오기도 어려웠고. 그래서 학익진과 같은 전략을 펴서 몇십 배 많은 왜선들을 물리칠 수 있었단다.

거북선

임진왜란 때 맹활약한 조선의 돌격용 전투함 거북선이야. 판옥선에 덮개를 씌운 모습이 마치 거북이 등 같아 거북선이라 불렸지. 적진으로 돌격하여 적의 진영을 마구 흐트러 놓아 조선 수군들의 생명선 역할을 했단다.

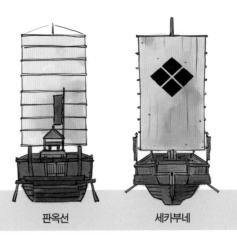

판옥선   세카부네

안타카부네

일본 수군의 지휘 전투함이야. 갑판 위에 기와 지붕을 올려놓아 안택선이라 불렸지. 배의 바닥이 뾰족해서 빠른 데다 장거리 항해에 유리했어. 하지만 배의 두께가 얇고 폭이 좁아 포를 설치할 수 없고 장애물이 있는 곳에선 빠르게 피할 수도 없었어. 그래서 해안선이 복잡한 조선의 남해에선 불리했단다.

세카부네

왜군의 주력 전투함이야. 안택선보다 크기가 작고 삼나무로 만들어 가벼웠어. 빠른 속도로 돌진하여 적의 배에 올라타 전투를 벌이기는 아주 좋았지. 하지만 좁고 길어 안정감이 없고 포 배치도 어려워서 조총과 화살만이 주요 무기였어. 배 앞부분이 뾰족하고 돛대가 하나라 회전도 어려운 데다 역풍에는 맥을 추지도 못했지. 두께도 얇고 튼튼하지 못해서 우리 판옥선과 부딪치면 쉽게 부서졌어.

그때 세계는?

아메리카에는 어떤 문명이 있었을까?

아시아와 유럽, 아프리카의 나라들이 서로 교류하며 문명을 발달시키고 있을 때 아메리카는 끼지 못했지. 아메리카 대륙이 존재한다는 것도 다른 대륙사람들은 몰랐으니까. 하지만 기원전 3만여 년 전부터 이곳에도 사람들이 독특하고 수준 높은 문명을 일구며 살고 있었단다. 대항해 시대를 맞아 유럽인들이 아메리카의 위대한 문명을 파괴하기 전까지 말이야.

아즈텍 문명

1300~1521년까지 아즈텍 제국의 수도 테노치티틀란은 신전과 왕궁과 저택들이 들어선 아름다운 도시였어. 광장에는 날마다 6만여 명이 넘는 사람들이 모여들어 거래를 할 정도로 번성했지만 1521년 스페인의 침략으로 멸망했지. (멕시코)

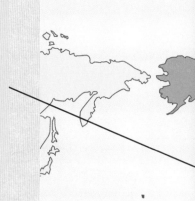

잉카 문명

13세기 페루 고원에 정착한 잉카족은 정복 전쟁으로 영토를 넓혀 대제국이 되었어. 인공물길을 만들고 계단식 밭을 만들어 농업을 발달시켜 15세기를 잉카 제국의 황금기로 만들었으나 1532년 스페인의 침략으로 몰락했어. (페루)

테오티와칸 문명

기원전 150년경~기원후 750년경에 있었던 문명이야. 거대한 사원과 궁전 그리고 66미터가 넘는 태양의 피라미드가 남아 있지. (멕시코)

기원전 6000년경 중앙아메리카와 남아메리카에서 농경이 시작되었어. (애틀라들 암각화)

나스카 문명

100년경~800년경에 번성했던 문명으로 추측되는데 여러 모양의 거대한 그림이 발견되어 수수께끼 문명이라 불린단다. (페루)

마야 문명

300년~900년경 도시국가를 이룬 마야문명은 피라미드를 지어 해와 달의 움직임을 관찰하고 자연을 신으로 모셨어. 20진법을 썼던 수학의 천재들이었지. (멕시코)

✖ 연표 ✖

15세기

1441년 측우기 발명

1443년 훈민정음 창제

1453년 계유정난

1455년 세조 즉위, 왕권 강화

1469년 성종 즉위, 조선의 기틀 완성

1485년 『경국대전』 시행

16세기

1506년 중종 반정, 연산군 폐위

1510년 삼포왜란 - 교역 장소인 부산포, 염포,제포에서
　　　　왜인들이 난동을 부림

1543년 백운동 서원(소수 서원) 건립

1592년 임진왜란, 한산도 대첩, 진주 대첩

1593년 행주 대첩

1597년 정유재란, 노량 해전

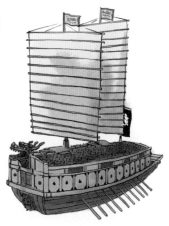

✕ 찾아보기 ✕

✕ 참고한 책들과 사진 출처 ✕

〈참고한 책들〉

• 어린이 책
한양구경 잘했네 / 웅진주니어
윤선비와 함께 한 발한 발 돌아보는 한양도성 / 그린북
돌도끼에서 우리 별 3호까지 / 미래엔아이세움
경국대전을 펼쳐라 / 책과함께어린이
열두 달 세시 풍속 이야기 / 토토북
나도 조선의 백성이라고! / 파란자전거
우리 옛이야기 백가지 / 현암사
복 타러 간 총각 / 시공주니어
이순신 / 문학동네어린이
이순신을 만든 사람들 / 한겨레아이들

• 어른 책
조선평전 / 글항아리
백성편에서 쓴 조선왕조실록 / 진명출판사
조선의 출셋길, 장원급제 / 팬덤북스
한권으로 읽는 세종대왕실록 / 웅진지식하우스
이도 세종대왕 / 추수밭
우리 과학의 수수께끼 / 한겨레출판
우리민속의 유래 / 도서출판 비엠케이
세시풍속 / 이담
우리 신 이야기 / 현암사
한국구전설화 / 평민사
역사저널 그날 / 민음사
난중일기 / 서해문집
칼의 노래 / 문학동네

〈사진 출처〉

국립중앙박물관
규장각한국학연구원
문화재청
영주시청
전쟁기념관
연합뉴스
안동차전놀이보존회
한국선비문화연구원
위키백과
위키미디어
셔터스톡코리아